AF365507

Nos hacen falta griegos en las escuelas

Josué Ángeles Ortega

EDIQUID

NOS HACEN FALTA GRIEGOS EN LAS ESCUELAS
© Josué Ángeles Ortega

Editado por: Corporación Ígneo, S.A.C.
para su sello editorial Ediquid
José Olaya 169, Ofic. 504, Miraflores. Lima, Perú
Primera edición, febrero, 2024

ISBN: 978-612-5142-15-3
Impresión bajo demanda

Hecho el Depósito Legal en la Biblioteca Nacional del Perú N° 2024-00869
Se terminó de imprimir en febrero del 2024

www.grupoigneo.com
Correo electrónico: contacto@grupoigneo.com
Facebook: Grupo Ígneo | X: @editorialigneo | Instagram: @grupoigneo

Colección: Pensamientos

Introducción

La sociedad moderna ha llegado a generar cambios trascendentales en muchas áreas de la vida humana. Cada década se descubren nuevas medicinas, se inventan artefactos tecnológicos que le permiten interconectar a la raza humana de una manera que quizás nuestros antecesores nunca hubieran imaginado. Cada vez más países están en condiciones de mandar exploraciones al espacio y la Luna.

Vivimos en una sociedad en la que hasta en los países en desarrollo es posible conseguir comida, transporte, entretenimiento y hasta el amor en una de esas encuentras a través de una aplicación digital. Sin lugar a duda, nos encontramos en un mundo completamente avanzado lleno de un sinfín de posibilidades en donde cada día que pasa hay cada vez más de todo. ¿Y a todo esto? Entonces todo este desarrollo a qué ha llevado al hombre. ¿Ya es feliz la humanidad? Al parecer esta es una pregunta que cualquier relativista podría desechar inmediatamente, entrando a la discusión de en qué consiste ser feliz.

Para tener un término con el cual podamos guiar la base de este libro tomaremos como referencia la primera acepción de la Real Academia de la Lengua Española: «Estado de grata satisfacción espiritual y física». Entonces bien, cambiemos la palabra para responder la pregunta principal: ¿Crees tú que la humanidad se encuentra satisfecha física y espiritualmente?

Antes de responder quiero compartirle algo que mi abuela Chela decía cuando merendaba café con pan dulce en la huasteca potosina. Como buena descendiente otomí, tenía una vasta cantidad de refranes que complementaban la vida diaria de muchas generaciones; ese día en el que me encontraba afligido porque uno de los vecinos jóvenes de la cuadra me había jurado venganza por pegarle un balonazo a su frutsi, el cual estaba abandonado en la banqueta, mi abuela al ver mi sutil seriedad y preguntarme qué es lo que me pasaba, me dijo «mijito, no te fijes en lo que te dice la gente; preocúpate de lo que hacen. Ese niño estaba enojado y lo que ha aprendido de sus mayores es a amenazar. Quizás era su único frutsi y la gente dice cosas por enojo, tristeza o rencor, pero muy pocas veces se atreve a hacerle algo malo a los demás. Al igual, mijito, no todas aquellas personas que te dicen "te amo", "siempre estaré aquí" o "tú eres todo para mí, pídeme lo que sea", etc., significa que lo harán. Así que no mortifiques tu cabecita con lo que la gente diga. Fíjate en lo que hacen y solo toma eso en cuenta».

En esos momentos, las palabras de esa dulce abuelita quizás no resolvieron del todo mi situación emocional. Sin embargo, con el paso de los años sus consejos me ayudaron mucho en mi camino educativo. Principalmente, me han permitido era entender a los demás y potencializar sus habilidades.

Volvamos al tema de la felicidad. Cuento esta anécdota porque además de tener sus consejos firmes cada día de mi vida, ella fue la primera persona en el mundo en la que pude definir la felicidad, y sobre todo entender la satisfacción. Su nombre era Graciela y este tenía mucho que ver con su personalidad, ya que proviene del latín *Gratia* que significa «gracia, encanto, favor», y vaya que esa mujer tenía las tres.

A pesar de las dificultades económicas en las que muy a menudo se encontraba, siempre encontraba un motivo para sonreír e incluso contarte un chiste en esa vieja pero riquísima cocina en la que ella pasaba la mayor parte del tiempo. Era una persona que siempre tenía oportunidad para ayudar a los demás ante el asombro de propios y extraños; de la nada sacaba dinero de no sé dónde para el vecino, hijo, cuñado, nuero, nieto, amigo, conocido y a veces hasta exenemigo.

En muchas ocasiones cuestioné ese tipo de desprendimiento, pero ahora años después encuentras en esa actitud una filosofía profundamente poderosa, así como lo eran los actos de ella. Mi abuela murió un 28 de diciembre ya hace más de 14 años y recuerdo ese día porque, más allá del duelo que implica la pérdida de una persona importante, ese día aprendí una valiosa lección.

El día que llegué a su entierro, uno de mis tíos regresó con unas joyas de oro en sus manos que pertenecieron a mi abuela y las puso a un lado del féretro. Al preguntarle que por qué se las ponía, me contó que venía de la casa de empeño donde ella había ido a dejarlas el 23 de diciembre. Mi abuela las empeñó porque se iba a realizar la posada del barrio y los organizadores no tenían dinero para darle dulces y comida a los niños el 24 de diciembre. Así que ella empeñó sus anillos y cadenas para que cientos de niños fueran felices ese día. ¿Qué es la satisfacción?

Ese día me sentí profundamente orgulloso de ser nieto de esa mujer. El sentimiento que tuve por ella fue profundo, dulce y veraz. Al entender su partida como el de una persona que entendía la satisfacción de la vida a plenitud en lo físico y espiritual, esta fue más llevadera y puedo decir que fue necesaria para ver el mundo con otros ojos. La satisfacción desde ese momento para mí es vivir entendiendo el valor material y espiritual de tu vida, sentando el equilibrio entre servir y servirse de los demás guiados por la virtud. Por lo tanto, puedo hoy expresar sin tapujos que la felicidad comunitaria es necesaria e imprescindible para el individuo que pretende vivir en una sociedad.

La era del hipernarcisismo

Narciso contemplando su rostro. François Lemoyne

El mito de Narciso es una de las analogías occidentales más usadas para describir el exceso de vanidad y la desesperante necesidad por el cuidado del ego en la actualidad; sin embargo, muy pocas veces se hace alusión a dos de las actoras de este mito: Eco y Némesis. Narciso era un joven muy guapo, quien con su sola presencia era capaz de enamorar a cualquier mujer; esto hacía que también fuera conocido por ser engreído y vanidoso. Eco era una ninfa que ayudaba a Zeus a engañar a su esposa Hera con otras ninfas. Hera la castigó haciendo que solo pudiera sacar de su boca la última palabra que escuchaba, y por último Némesis era la diosa de la venganza, quien era pretendida por Zeus; sin embargo, ella cambiaba de forma cada vez que este dios quería acercarse.

La historia de Narciso se resume en que la vanidad de este rompe el corazón del Eco, quien a su vez es ayudada por Némesis, que hechiza a Narciso para que se enamore de su propio reflejo en un río y viva en la desesperación de no poder tenerse al verse a sí mismo, por lo cual Narciso, al tratar de aferrarse a su imagen, muere ahogado. Siempre se ha querido ver a Narciso como el ejemplo de que las personas engreídas o vanidosas son testigo de su propio fin; sin embargo, cuando revisas bien esta historia te puedes dar cuenta de que los tres principales actores sufren por su falta de empatía comunitaria.

Primero, la belleza de Narciso no es el problema, la cuestión es que su falta de tacto con las doncellas que lo pretenden les rompe el corazón y no es consciente de la responsabilidad del don de su belleza, gastándolo en acrecentar el número de ninfas y humanas a las que les rompe el corazón, y no obtener tan anhelado objeto de deseo. Quizás ese es el punto: él se convirtió en un objeto y no en un ser humano que expresara sus virtudes más allá de su belleza física. Eco nunca pudo obtener a Narciso, ya que el murió fruto del hechizo que Némesis produjo sobre él, quizás nunca entendió ni ofreció lo que Narciso necesitaba para ser mejor persona. Ella solo pensó en la obtención de su satisfacción personal, y Némesis, quien produjo el hechizo sobre Narciso, se vio obligada a cambiar siempre de forma para no ser encontrada, teniendo así una vida inestable y llena de cambios por siempre. Ninguno de los participantes de esta historia tiene un «final feliz», ni tampoco obtuvieron satisfacción en sus actos al parecer. El centrarse en obtener para sí mismos adulación, amor o venganza los llevó a una vida sin sentido y sin lograr absolutamente nada.

La Real Academia de la Lengua Española define actualmente al narcisismo así: «Persona que cuida en exceso de su aspecto físico o que tiene un alto concepto de sí misma». Si bien en opinión del autor el cuidado físico o una buena concepción de sí mismo es importante para obtener la anhelada satisfacción humana, la palabra que desequilibra es «exceso». Como dijera el sabio escritor Octavio Paz: «La mucha luz es como la mucha sombra: no deja ver». Tener siempre demasiado de algo hace que nos duela el estómago, la cabeza, nos lleva a anexos, clínicas de AA, al hospital o incluso a la muerte. En este caso, el narcisismo nos lleva a la insatisfacción permanente.

La insatisfacción es un estado de necesidad, nos corroe el pensamiento de que siempre nos falta algo. El narcisismo busca la perfección porque está creado para nunca ser suficiente. Es un estómago que nunca estará lleno, siempre habrá algo más que haga falta en un mundo en el que como ya hemos dicho hay tanto de todo y sin embargo la humanidad parece nunca estar satisfecha.

Hay que recordar que el narcisismo en la historia es producto de un hechizo que la diosa de la venganza realiza por la vanidad y falta de conciencia de los demás sobre Narciso. Sin justificar al principal actor de este mito, es importante resaltar que él muere producto de su propia imagen, y es interesante ponernos a pensar que en la sociedad actual también seguimos modas, tendencias y filosofías que tienen a ahogarnos en ese río de búsqueda por nuestra imagen perfecta.

El hipernarcisismo es una enfermedad social a escala nunca antes vista. La insatisfacción en todas las generaciones humanas que habitan el planeta es cada vez mayor. Los viejos quieren volver a ser jóvenes; los niños quieren ser grandes de una vez; los jóvenes desean tener mucho dinero rápido; las mujeres quieren ser hombres y los hombres, mujeres; el trabajo ya no dignifica al hombre, lo aburre, lo explota y lo hace sentir menos; las profesiones de moda son las que inflan el ego y no las que sirven a la sociedad; los alimentos que antes valorábamos más por estar al otro lado del mundo ahora están al alcance de un dedo en nuestro *smartphone* y, sin embargo, la criticamos y le ponemos tres estrellas por tardarse cinco minutos en llegar; los jóvenes cada vez valoran menos la experiencia de los adultos; las autoridades cada vez temen más a los individuos; los Estados se han convertido en niñeras de la vida pública, en vez de rectores de las políticas; las personas buscamos tener más y más derechos hasta rozar en la demagógica idea de merecer todo lo que esté a nuestro alcance, sin importar realmente si lo utilizaremos para bien o no.

Y aun así con todo esto adivinen qué: ¡no estamos, ni estaremos satisfechos! El mundo actual vive en el hechizo de Narciso. Hemos traspasado al exceso del cuidado por nosotros mismos, por nuestro ego, nuestra carrera, nuestros bienes, nuestros sueños, sin mediar ni equilibrarlo con el de los demás. Hemos llegado a un exceso que le pide a nuestros cuerpos y almas cada vez más, como canta Natalia Lafourcade en su canción con Los Ángeles Azules «Nunca es suficiente para mí, porque siempre quiero más de ti».

La era de la tecnología ha propiciado que la expansión de este hechizo de la diosa Némesis se extienda sobre las familias, escuelas, instituciones públicas y privadas, templos, organizaciones, empresas, etc. Prácticamente en casi todos los ámbitos de la sociedad conocemos o hemos visto conductas que han llevado a la autodestrucción de los seres humanos tal y como lo conocemos. Pareciera ser que estamos castigados por Hera, así como lo hizo con Eco, a repetir sin cesar lo que vemos en los medios de comunicación y redes sociales, completamente incapaces de pensar por nosotros mismo y condenados a repetir lo que otros dicen que está bien o mal. Los cuadros de depresión en niños, jóvenes y adultos es cada vez mayor. La escalada en el aumento de divorcios a nivel mundial es innegable. El problema para los siguientes años ya no será el desempleo, sino la insatisfacción laboral que se avecina. La realidad virtual desempeña su papel de idiotizar a más generaciones, dándoles en un pantallazo un valor que no pueden obtener en la vida real. Sin embargo, sigue habiendo insatisfacción. Estamos en los albores de una de las más grandes incongruencias en la historia de la humanidad, el momento en el que el ser humano tiene tanto y a la vez aún se siente vacío.

Quizás afortunadamente este problema no es del todo nuevo. Hace más de 2000 años hubo una civilización que tuvo la dicha de encontrar en el uso la razón la salida de los males que los mitos propiciaban en la sociedad, y a través de diversas escuelas de pensamiento enseñaron a sus seguidores a enfrentar los males de la sociedad por medio de formas de pensamiento alternativas que llevaran a los hombres de aquella época a la superación de las problemáticas que se presentaban, llevándolos así de la mano a estados mentales, físicos y espirituales capaces de sanar sus vidas y enseñándoles a encontrar la satisfacción de sus vidas por medio de la gracia de la virtud. La emancipación de todo aquello que aleja el hombre de la felicidad era su objetivo: crear sistemas de pensamiento que apoyaran al hombre a sobrellevar esta vida de la mejor. Gracias a ellos, a lo largo de todos estos siglos podemos encontrar a personas admirables que, más allá del ejemplo de superación personal que representan, han impactado y creado mejores realidades en la vida de las personas en general.

La cultura griega desde el año 400 a. C. ha venido preparando y otorgando medicina para el alma de todos aquellos que reconocen su enfermedad, a veces producto de la ignorancia, a veces de heredados por las circunstancias y otras cuantas simplemente adquiridos por el error de un deseo excesivo. Sea cual fuere el caso, en este libro abordaremos cómo el pensamiento socrático, la Escuela Estoica, la Escuela Epicúrea y la Escuela Cínica nos pueden apoyar a transformar nuestra vida y, por supuesta, la de cualquier organización que desee poner alto al veneno letal del hipernarcisismo.

La mentada meritocracia

Dédalo e Ícaro. Anthony van Dyck.

Recuerdo el primer partido de fútbol importante del que tengo plena conciencia. Fue el partido de Bulgaria contra México en los octavos de final de la Copa del Mundo Estados Unidos 1994. En ese momento yo tenía apenas siete años, y desde niño fui muy apasionado por el fútbol. El 5 de julio de aquel año se convirtió para mí en un día de mucho aprendizaje.

Para tener un contexto más preciso, por aquellos días había visto la película *El rey león*. Fue entonces cuando comprendí que a pesar de las dificultades de la vida, como haber perdido a un padre, tener en contra a tu familia y sobrevivir en el mundo con un par de vagos como Pumba y Timón, siempre era posible sobreponerse a las situaciones y salir triunfante. Volviendo al día del partido, los famosos penales en los que México cayó eliminado una vez más en el cuarto partido me mostraron que no siempre vas a ganar, que en ocasiones toca perder y que un país con mucho menor tradición futbolística te puede dejar fuera de un torneo que prácticamente se jugaba en tu segunda casa. Así es la vida. Ese mismo día, como una causalidad imputable al destino, mi papá me invitó a sentarme en la sala y con voz amable me dijo «¿viste dónde se jugó el partido?». Respondí afirmativamente y él continuó: «Pues voy a trabajar cerca de ahí. Será solo por un tiempo, así que por favor cuida a tu mamá y a tu hermana mientras regreso».

Mi papá siempre trató de que tomáramos su partida como una aventura, como una oportunidad para mejorar nuestras vidas, ya que pasaba por algunas dificultades menores en su trabajo. Lo que descubriríamos más adelante era que en 1994, debido a las devaluaciones, crisis y malas decisiones de los gobiernos en turno, millones de personas tuvieron que hacer cambios drásticos en sus vidas para salir adelante. Nuestra familia era una de esas tantas que tendría que separarse para que el barco se mantuviera a flote.

Y de un día para otro, mi entorno cambió de manera drástica y frontal. Pasé de ser un niño de siete años que iba a la escuela a convertirme, en mi mente, el «hombre de la casa». Para muchos, podría parecer una muy mala decisión darle a un menor de esa edad tan importante responsabilidad. Sin embargo, encontrarme en esa situación a la postre me ayudó a tomar consciencia de que eventualmente todos enfrentamos golpes de la vida.

Desde muy temprano me di cuenta de que hay situaciones que escapan de nuestro control y nos obligan a salir de nuestra zona de confort, a replantear la realidad y, por supuesto, a realizar un esfuerzo emocional para comprender la situación y salir adelante. Esta historia podría ser solo una entre tantas vividas por tantos mexicanos en esa época. Sin embargo, creo firmemente que el enfoque que le damos a cada situación que experimentamos transforma la manera en que aprovechamos esas vivencias.

Mi primer acercamiento con la filosofía griega se produjo a través de la historia de los espartanos. ¿Cómo sucedió? Mis padres por fortuna habían comprado una de esas enciclopedias que vendían casa por casa. En los años 1990, como algunos de ustedes recordarán, ni por la cabeza nos pasaba tener la información de todo el mundo en nuestras manos. Así que el acercarse a los libros era lo más cercano a la iluminación para cualquier humano. Y así fue. En aquellos días, después de terminar la tarea, me encantaba hojear las enciclopedias para ver sus dibujos, porque, sinceramente, a qué niño de 7 años le gusta leer. Y así, sin más, la imagen de un niño siendo llevado a un bosque por sus padres me llamó poderosamente la atención. Se trataba del proceso de la Agoge, la tradición espartana en la cual los niños de mi edad eran iniciados en su proceso de formación para poder ser aceptados como hombres y mujeres en la sociedad de esa época.

Traté de leer todo lo que alcanzaba a entender a esa edad y pude comprender que desde entonces esas civilizaciones realizaban estos procesos para formar hombres fuertes que pudieran salvaguardar a sus familias y a la comunidad. Realmente creo que esta concepción me ayudó a entender la vida como algo que los niños del pasado vivían comúnmente. Aún más, me alegré de no enfrentarme a osos, al bosque frío, a tener que saber pescar y a luchar por mi vida día a día como lo hacían los niños espartanos.

Fascinado con la historia de los espartanos que, dentro mi capacidad pude entender, me dediqué a buscar más «dibujos griegos» que me dieran más información sobre esa cultura. Así fue como encontré uno de los mitos que más me ha repercutido en mi formación desde entonces.

El mito de Ícaro

Dédalo era un gran inventor en la época gloriosa del imperio griego. Había construido para el rey Minos un retorcido laberinto para encerrar en él al minotauro. Pero tanto él como su hijo estaban retenidos por el rey en Creta. Ellos querían salir de allí y regresar a su patria, pero el rey Minos controlaba tierra y mar y no podían escapar.

Entonces, Dédalo observó el elegante vuelo de un águila y se le ocurrió una idea:

—¡Ya lo tengo! —dijo entusiasmado a su hijo—. ¡Construiré unas alas y saldremos volando de esta isla!

Y así es cómo Dédalo comenzó a crear unas enormes alas, con plumas unidas con cera. Les dio una curvatura perfecta y al probárselas comprobó eufórico que podía volar como los pájaros.

Creo que uno de los más grandes aciertos que tuvieron mis padres es darme alas desde temprana edad. Siempre escuché de su boca decir que mi destino era ser mejor que ellos, que tenía muchas habilidades y en síntesis desde pequeño me dieron gran confianza y la vez también grandes responsabilidades como las que he contado ya. En la actualidad creo que es muy importante hacerles saber a tus hijos que son capaces, que pueden hacer muchas cosas por sí mismos y en general brindarles toda la confianza posible para poder tarde o temprano hacer frente y salir adelante en este mundo. Sin embargo, a continuación, compartiré la segunda parte de esta historia para poder comprender las limitaciones de esta forma de pensar.

Antes de ponerle las alas a su hijo, Dédalo le advirtió muy serio:

—Ícaro, podrás volar como las aves. Solo tienes que mover los brazos de arriba abajo. Pero no olvides esto, porque es muy importante: no subas demasiado alto, porque el calor del sol derretirá la cera y caerás al mar; y tampoco vueles demasiado bajo, porque la espuma del mar mojará las plumas y ya no podrás volar.

—Sí, padre —dijo entonces Ícaro—, lo tendré en cuenta.

Dédalo colocó con cuidado las alas a su hijo y luego él hizo lo mismo con las de su padre. Ambos alzaron entonces el vuelo. Pero Ícaro se entusiasmó al comprobar que podía ascender como los pájaros. Y de pronto comenzó a subir, a subir y a subir más y más, olvidando por completo la advertencia de su padre. El sol empezó entonces a derretir la cera que unía las plumas de las alas e Ícaro cayó, sin remedio, al mar.

Uno de los grandes aprendizajes que deja esta historia es el de la justa evaluación de nuestras habilidades y capacidades. Cuando no tenemos en cuenta las circunstancias que escapan de nuestro control y no ponemos atención en estas, podemos caer estrepitosamente contra el suelo. En la actualidad, faltan Dédalos que den alas a sus hijos, pero que adviertan a sus pequeños de las dificultades, problemas, situaciones y circunstancias de las que está hecha la vida.

Los medios de formación masiva (películas, redes sociales, ideologías exprés) presentan una realidad en la que todo es posible. Hoy en día, no solo puedes soñar alto, sino más bien se nos dice que debemos hacerlo. El justo medio o equilibrio es mal visto por esta nueva doctrina social de los medios, la mediocridad es un pecado social. Nos enseñan que podemos y debemos ser capaces de alcanzar nuestras metas. Además, en las películas, prácticamente siempre vemos que los buenos vencen al mal.

Sin embargo, algo que no se toma en cuenta es el gran peso que conlleva soportar enfermedades, pérdidas personales, económicas o emocionales. Tampoco se tiene en cuenta el nivel socioeconómico, el lugar en el que nacimos o los sistemas de educación a los que tuvimos acceso. Nada de eso parece importar en un sistema ideológico que te invita a ser el mejor individuo, aquel que lo pudo y lo obtuvo todo. Incluso cuando nuestros padres no nos hayan presionado en esa dirección, la sociedad, a través de su nueva formación, lo exige todos los días.

Por eso, es muy importante convertirnos en Dédalos que expliquen a los niños que en el mundo se puede volar, pero también es necesario darles a conocer muy bien que hay circunstancias externas que nos harán caer si no somos prudentes y no gestionamos el principal enemigo del que hablaron numerosas escuelas griegas: el ego. Hacer saber a nuestros hijos de sus capacidades es proporcionalmente igual de importante que hacerles saber sobre sus limitaciones. Tan irresponsable puede ser no darles alas a tus hijos como no hacerles conocer todos los peligros y precauciones que deben tomar al salir al mundo. Y eso no quiere decir que llegar lejos sea imposible; solo que hablarles objetivamente, aunque pueda parecer cruel al principio, a la larga puede prevenirlos de caer estrepitosamente, tal como le sucedió a Ícaro.

Ahora bien, entrando al tema medular de este libro, que es la educación como potenciador humano y por qué enfocarlo en las escuelas, antes bien debemos hacer algunas paradas en dos organizaciones de suma importancia que son el eje del desarrollo de aprendizaje de todo humano: la familia y la religión.

Si bien nuestras familias son el eje central de nuestra formación humana, en la actualidad muchas de ellas se encuentran incapacitadas para brindar a las nuevas generaciones hábitos y valores que sean capaces de cambiar el curso de la historia de muchos seres humanos. Las familias en la actualidad se encuentran en una situación delicada. Más allá de los datos de violencia física, emocional o económica que afecta a ambos géneros, y del creciente índice de divorcios que innegablemente va en aumento, nos enfrentamos a la realidad de que hoy en día ambos padres dedican una mayor parte de su vida útil a entregar su energía a las organizaciones lucrativas a las cuales brindan su atención, tiempo, años joviales, ilusiones y metas. Eso a lo que comúnmente llamamos trabajo.

Cada vez más familias se encuentran inmersas en un mundo laboral que implica falta de atención a la familia en pro de la recompensa de un mejor ingreso. Esta institución se encuentra distraída entre la encrucijada de los egos femeninos y masculinos, con una creciente lucha por determinar quién es el jefe o la jefa. La felicidad que muchos esperaban al formar una familia se encuentra ahora con enormes dificultades para sacar a flote el barco. Los más afectados son, por consecuencia, las nuevas generaciones a las que ahora se les atribuye la carga de adquirir valores de donde sea y como sea. Los medios de formación masiva siguen contándoles la historia de que todo es posible, pero ¿de verdad lo creerán? Ya no hay tiempo para fijarse en ellos, y dentro de esta estructura social existe una institución que se encuentra entre la familia y el trabajo: el *agogé*, o como lo llamamos hoy en día, «la escuela».

Pareciera que todo está resuelto y que la escuela se encargará de brindar las habilidades, valores y herramientas que los hijos necesitan para ser los mejores seres humanos posibles. Sin embargo, estimado lector, creo que si así fuera, no habría motivo para escribir este libro, ya que el tema principal es precisamente cómo se encuentra el sistema de educación en la actualidad.

Hace no más de tres siglos, las primeras escuelas donde se formaba para la vida a los hijos eran las familias. Dentro de la parte limitante que podría afectar a aquellos nacidos en una familia de zapateros, herreros o alféreces, donde desde el nacimiento y apellido llevabas la profesión a la que estabas destinado por inherencia a tu gremio familiar, eran precisamente los padres y madres los encargados de orientar a los hijos en el camino de la supervivencia en sociedad. Ellos eran responsables de transmitir las habilidades humanas necesarias para producir bienes y servicios a la comunidad y así ser parte de esta sociedad.

Otra de las grandes responsabilidades de los progenitores era brindar los valores y virtudes necesarios para acompañar las habilidades sociales. Era responsabilidad de los padres la conducta de toda la familia en general. Esta visión de la familia, que cada vez parece más extraña en nuestros tiempos, proviene muy seguramente de las instituciones romanas, en las cuales el *pater familias* era responsable incluso de las conductas de los integrantes de la familia romana. Entonces, era de vital importancia asegurar la conducta adecuada de cada uno de los miembros que la conformaban.

Hoy parece que los padres de familia viven en una constante etapa de adolescencia victimista, donde no cabe generar responsabilidad sobre la conducta de sus hijos. Están tan ocupados viendo quién puede causar más traumas al otro en la interminable competencia por la supremacía de los géneros y el poder sobre los demás. Parece que se ha olvidado la responsabilidad de criar juntos a seres capaces de ser útiles para la sociedad, y ni se menciona la posibilidad de que esos pequeños puedan ser felices.

Uno de los problemas más significativos que se vislumbra en muchas familias es la falta de responsabilidad, no solo hacia los hijos, sino también hacia ellos mismos. En la actualidad, el hipernarcisismo ha entrado en muchos hogares, donde la primacía de la propia felicidad a toda costa, sin tener en cuenta las repercusiones reales de las decisiones sobre otros seres humanos, es algo constante y habitual. El re-empoderamiento de la venganza, ante la imposibilidad de trabajar juntos por el bien común de una familia, es la historia cotidiana de amas de casa, profesores, ejecutivos, campesinos, ricos, pobres, tanto en el pueblo como en la ciudad. No importa dónde te encuentres geográfica o socialmente, este virus está sembrado y germinando prácticamente en todos lados.

Parece que la familia no tiene un lugar seguro al cual volver. El Estado cada vez más propone maneras más fáciles para deshacer los compromisos nupciales, y la propaganda falsa de la felicidad promueve y empuja a buscar tu «verdadera felicidad» sin importar lo que diga un contrato social. La idea de quedarse donde uno no es feliz por mera obligación y vivir frustrado el resto de sus vidas resuena con tambores y trompetas en toda la industria de la educación informal, cines, TikTok, Instagram, programas de chismes, etc.

La insatisfacción de los padres se vuelve cada vez más insaciable en la constante búsqueda por satisfacer las «necesidades» del hogar. Hombres y mujeres trabajan incansablemente para cubrir lo que hoy en día se considera indispensable para vivir. Las plataformas de *streaming*, las vacaciones a las playas de Puerto Vallarta, el cambio de coche o la compra de ropa de marca son elementos que ahora son obligatorios mostrar dentro de los estándares de las familias modernas. Mostrar ser una familia parece ser más importante que realmente serlo. Quizás en años anteriores, el propósito era satisfacer las necesidades de esa pequeña comunidad; ahora, el objetivo es aparentar hacerlo.

Las deudas de carácter económico están creciendo a pasos agigantados en nuestro país. La Encuesta Nacional para las Finanzas de los Hogares identificó en el año 2019 que de los 36.6 millones de hogares en México, el 56.9 % (20.9 millones) tienen alguna deuda, es decir, casi el 60 % de los hogares se encuentra en números rojos. El constante bombardeo en las mentes de las familias por obtener el mejor regalo en el Buen Fin, *Black Friday*, Navidad, Reyes, 14 de febrero, Día de las Madres, Día del Niño, cumpleaños, rosas amarillas, días de aniversario y cualquier otra ocasión para mostrar «nuestro amor» a los seres queridos sobrecarga cada vez más las tarjetas de crédito de los nuevos padres. Estos, deseosos de cumplir con las consignas de ser personas dignas de consumir sin cesar, crean paradójicamente una estructura social que sustituye lo intangible, como los valores, el respeto, la dignidad, el cuidado o la responsabilidad paterna, por una televisión de 65 pulgadas empotrada milagrosamente en una casa de Infonavit.

Un encuentro

Corría el año 2003, con apenas envidiables 16 años. El día que llegó mi cumpleaños coincidía con la fiesta que impuso don Porfirio Díaz para que todos los mexicanos celebraran el día de su cumpleaños el mismo día que el de la independencia de nuestro país, es decir, el famoso 15 de septiembre. Para aquellos que han nacido en días festivos como el 10 de mayo, 30 de abril, 24 de diciembre u otros, entenderán que no son fechas ideales para nacer, ya que la gente suele estar más enfocada en las festividades y rara vez se acuerda de felicitarte, a menos que seas parte de la familia más cercana.

Ese día transcurría de manera normal hasta que, al llegar a casa después de mi día en la escuela, me recibieron con un cálido abrazo, muchos besos y algún que otro regalo. Como buen adolescente, recibí los gestos, pero me retiré a mi cuarto, dando una desagradable recepción a sus felicitaciones. En ese tiempo, me encontraba disgustado porque mis padres se encontraban disfrutando de una segunda luna de miel, la cual había empezado en junio de ese año debido a que habían asistido a uno de esos encuentros para parejas que realizaban en las iglesias de mi ciudad. No podía entender cómo, después de tantas discusiones que solían tener canónicamente los fines de semana, ahora estaban más unidos que nunca. Me parecía desgastante y, al mismo tiempo, un poco fuera de lugar que estuvieran fingiendo, según mi percepción de cómo eran.

Aunado a eso, se acercaba el momento en que tenía que preocuparme por entrar a la universidad, y ya había tenido el fracaso de no poder ingresar a la preparatoria a la que habían ingresado todos mis amigos de la secundaria. Solo pensar que ya estaba haciendo nuevas amistades, las cuales perdería muy pronto, me hacía sentir un poco triste. Pero, como buen hombre joven, tenía que mostrar rudeza y aparentar que no me importaba la cursi idea de ya no ver más a los tontos de mis amigos.

Mi vida, al igual que la de muchos otros adolescentes de la época, se veía llena de problemas que con el paso de los años he llegado a comprender que eran trivialidades. Sin embargo, en ese momento, crecía en mi interior un vacío que no podía identificar con emociones ni sentimientos. Ahora sé que los psicólogos llaman a esto vacío emocional o existencial. En aquel entonces, ni siquiera podría describir la apatía, la falta de interés por los demás o por mí mismo. Es una de las peores experiencias que, ahora sé, muchas personas viven en silencio.

En una de esas noches en las que tenía que lidiar con mi desorden interior en silencio, pensé que lo mejor sería dejar de existir. Uno de mis pensamientos más recurrentes era que vivir una vida en la que, aunque tuviera lo que quería, de alguna manera lo perdería en algún momento. Como decía uno de mis primos desobedientes de Michoacán cuando le exigían hacer algo, «¿para qué barro si se va a volver a ensuciar?». Aunque pareciera gracioso, la lógica nihilista de mi familia tenía sentido para mí. Aunque nunca experimenté necesidades como el hambre, el frío o la desatención de mis padres, habitaba en mí un profundo vacío que me postraba ante la intensa idea de una vida sin significado.

Pareciera irónico que una persona de mi edad, sin haber vivido alguna experiencia realmente significativa como la pérdida de un ser querido cercano, una crisis financiera o un divorcio, tuviera tanta aversión a la vida. Sin embargo, así era. En esa noche del 15 de septiembre de 2003, la idea más estúpida que he tenido pasó por mi cabeza: dejar de existir sería una opción viable en este mundo lleno de *bullying*, apatía por la pobreza, la guerra o lleno de parejas que se aman, luego se odian y después vuelven a amarse. ¿Para qué vivir en un mundo tan ilógico? En ese momento, después de que ese susurro fugaz pasara por mi cabeza, inmediatamente y de forma natural, sentí un poco de miedo al darme cuenta de lo que estaba pensando. Quizás por acto reflejo, recordé la oración que mi papá me enseñó cuando mi mamá estaba dando a luz a mi hermana: el *padrenuestro*. Ir a la iglesia, antes de que mis padres vivieran su encuentro de parejas, era algo formal, tradicional y, por lo tanto, aburrido para mí. Rezar no era mi fuerte y, además, casi no recordaba ninguna oración que hubiera aprendido para mi primera comunión. Sin embargo, en ese momento, como acto reflejo, quizás al ver lo cerca que puede estar la muerte, recé y lo hice por primera vez de corazón.

Después de repetir la oración algunas veces, me levanté de la cama y de forma solemne le dije: «Si existes, por favor, házmelo saber. Ya no quiero sentir este vacío». Esa fue mi primera comunicación con Él. Tres semanas después, en un domingo común y corriente, una de mis vecinas tocó el timbre. En ese momento, me encontraba solo en casa, así que fui a decirle hasta la puerta de la cochera que ninguno de mis padres se encontraba. La respuesta que me dio me sorprendió, pues dijo: «No vengo a buscar a tus papás. Te vengo a buscar a ti».

Haremos un pequeño paréntesis antes de continuar. Hermes, para los griegos, era el dios encargado de llevar los mensajes entre los dioses y también a los humanos. Era un dios que aparecía constantemente entre las *civitas* griegas con el fin de hacer llegar las invitaciones a los humanos. A su vez, en la literatura judeocristiana aparecen seres que intermedian la comunicación con Dios. Estamos hablando de los ángeles.

En muchas ocasiones, debido al imperio de la razón, deseamos respuestas a nuestras plegarias de manera directa y frontal. Quisiéramos que la fe que tenemos se convierta instantáneamente en hechos tangibles que nos libren de una vez por todas de nuestras ansiedades. Sin embargo, por primera vez en la vida, en el momento en que la señora traía un papel en la mano, entendí que había un Hermes enfrente de mí con algo especial. Al ver mi cara de sorpresa, mi vecina amablemente me dijo: «Ten, Josué, es para ti. Me dieron esto en la iglesia e inmediatamente pensé en ti».

Quizás mi vecina estaba al tanto de mis desfiguros como adolescente, quizás en algún momento se enteró de alguna majadería que hice a mis padres. Pero llevaba meses tratando de vivir sin excesos de arrogancia juvenil, y tampoco quería destacar mi tristeza interna. Así que para mí fue todo un suceso. Ya sea el producto de una intensa observación analítica de un típico vecino mexicano o la respuesta a mi plegaria, el papel decía: «¿Quieres saber si existo? Ven a Aguascalientes el próximo fin de semana a vivir un encuentro conmigo». Pasaron algunos segundos y supe que la respuesta iría sí o sí, a como diera lugar. Nunca antes había tenido una experiencia de esa manera, y en ese momento parecía una coincidencia, pero Él estaba respondiendo.

El encuentro cambió mi vida. En esta ocasión, dejaré la historia de cómo de una forma sutil encontré a Dios en mi vida en un frío invierno en Aguascalientes, México. Lo único que puedo decirles es que el joven rebelde, paradójicamente lleno de ese vacío existencial, se fue, y en su lugar entró una visión mucho más positiva del mundo. Más allá de la experiencia mística que viví en esa casa al poniente de la ciudad, creo que hay mucho de bueno en convivir con jóvenes y adolescentes que creen en un Ser que, a pesar de todo, te ama, te perdona, te cuida y está al pendiente de ti.

A lo largo de los años, la experiencia social se vuelve cada vez más trascendental al poder entender que no todas las personas se encuentran vinculadas a su ego, que hay más cosas bonitas que las peleas de barrio y el ruido de la politiquería de nuestro país. Conocí una comunidad donde las personas se ayudaban, intentaban la comprensión humana ante todo y no te juzgaban por tu pasado, tal y cual lo hacía Jesús, esa «deidad medieval» a la que hoy bastantes académicos, filósofos y afiliados del sindicato *woke* le tienen animadversión.

La figura de Jesús, desde alguna perspectiva, ayuda a que las personas centren su eje de comportamiento en virtud de la vida que la Biblia nos narra. Conocer a un Dios que se hizo hombre y murió por nosotros es una idea que va en contra de cualquier narcisismo que pueda existir. Años posteriores leí que gran parte de las polis griegas se encontraban encomendadas a algún dios. Es muy similar a lo que hoy sucede con las parroquias donde hay un santo patrono. Sin embargo, la mitología griega no es tan benévola en la relación dioses-humanos con la perspectiva del Dios cristiano. La relación con el Ser supremo puede ser más familiar que nunca.

¿Dioses en la educación?

La escuela de Atenas. Rafael Sanzio.

Así como en la civilización griega los dioses influyen en los humanos sin estar presentes físicamente a través de sus historias, creo firmemente que en la actualidad pasa lo mismo. Tu forma de llevar la vida será en virtud de quienes sean tus deidades actuales. Atenas es una ciudad de la que emergieron una gran cantidad de pensadores y filósofos famosos en todo el planeta, y pues es notoria la relación que Atenea, la diosa de la sabiduría, tuvo al ser su patrona.

No es de extrañar que Roma, siglos posteriores, estuviese consagrada a Júpiter, Marte y Quirino, dioses que representaban la autoridad, la guerra y la ascensión de un mortal que pudo vivir en el Olimpo con los dioses. Es claro entonces que los dioses no necesariamente deben interactuar directamente con el humano para que este siga tal o cual manera de comportarse. Con tan solo conocer la historia y la forma de comportamiento del ser mitológico es suficiente para conformar la ideología de una civilización.

Todas las personas deberían tener el derecho de elegir un dios, aunque dicha elección se parezca a la de elegir un héroe de Marvel. Creo que es indispensable que todos, aunque sea por moda, pudiéramos elegir al que más nos agrade. En la actualidad, los medios de adoctrinamiento social y algunos otros organizadores de la vida humana parecen estar empeñados en crear estados civiles libres de cualquier creencia en los que se encuentre una opción que empodere espiritualmente al humano. Realmente, hacer creer que solo los gobernantes pueden solucionar los males de las personas es una propaganda a la que se le invierte mucho dinero.

Eso de compartir la solución de los problemas de los pueblos con una entidad que «no existe» parece medievalmente absurdo, retrógrado, supersticioso y hasta tonto por no decir otra palabra. Se necesita sí o sí creer que el libre mercado, la ONU, el político en turno o hasta, si quieren, los marcianos sean los que resuelvan las cosas que necesitan ser atendidas, pero no creer en un Dios al que se le encomienden porque eso está muy pasado de moda, es muy griego.

Quizás ese es el problema: cómo se entiende la religiosidad en la era moderna. Dar por hecho que cualquier pensamiento que evoque lo espiritual sobre la ciencia o las actuales soluciones humanas es volver a la era de la inquisición. Quizás las personas que tienen tanta animadversión a dejar en las manos de un ser superior los males de cualquiera de nosotros han sido partícipes de la idea de que el hombre lo puede absolutamente todo. Y quizás ese es el principal de los problemas: la humildad de reconocer que existen cosas de las cuales no sabemos es una virtud muy socrática, y reconocer que hay cosas de las cuales no tenemos control es muy estoico. A veces no tiene que ver con la idea de compartir el poder con algo llamado Dios, sino que realmente su postura carece de la humildad de un sabio o de la estructura filosófica suficiente para reconocer los límites de una civilización, o tal vez solo están enojados porque en las posadas después de rezar no les daban dulces.

El gran problema que atraviesan las iglesias en la actualidad, o al menos hablando de mi casa, la católica, es que muy pocas veces se responde a la situación en la que vivimos desde una fundamentación intelectual y filosófica. La verdad es que no podemos dejar que menos del 1 % de la iglesia estudie filosofía en un seminario. Hace más de 2000 años, por medio de la mayéutica, Sócrates ayudó bastante a democratizar la filosofía y hoy, con todas las herramientas digitales que existen, se puede aprender como nunca. El poder fortalecer cualquier comunidad espiritual es necesario para enfrentar lo que el humano no puede hacer frente. Sin la idea de Dios, nos encontramos ya sin nada que hacer, por lo menos como dijo el escritor inglés Samuel Johnson: «Es necesario esperar, aunque la esperanza haya de verse siempre frustrada, pues la esperanza misma constituye una dicha, y sus fracasos, por frecuentes que sean, son menos horribles que su extinción».

Si bien estoy de acuerdo en que una religión no es indispensable para fomentar la espiritualidad de las personas, está claro que en los países en los que se ha menospreciado la función impulsora del conocimiento espiritual, sus efectos han sido devastadores en la vida de millones de personas, ya que los gobiernos han cumplido cabalmente no solo con regular, sino en ocasiones hasta bloquear de manera implícita o directa la educación espiritual de las personas.

El mundo occidental «avanzado» se jacta de la laicidad de sus ciudades, pueblos y comunidades, como si estuviera presumiendo haber erradicado el último rincón oscuro que aún persistía de la Edad Media en sus ciudadanos. La campaña contra las religiones parece ser una misión de agenda para cualquier gobernante que asume un cargo nuevo, y aunque muchos de estos nuevos paladines de las democracias republicanas no se atreven a expresar abiertamente sus verdaderos objetivos, aquí es donde funciona la frase «al buen entendedor, pocas palabras».

Al punto de vista del que escribe, me queda claro que hacer los cambios correspondientes a este sistema podría, de alguna manera, salvar a millones de personas de la frustración, el hipernacisismo y los efímeros cuentos de la felicidad. Al más puro idealismo de Platón, creo que introducir la filosofía como eje rector de las sociedades puede crear comunidades virtuosas que resulten en individuos felices y en armonía con su entorno. Al final, creer o no en un Dios, el alma, un motor de motores o una mente maestra es el derecho de todo aquel que se está educando, y elegir llegar a la conclusión de su existencia siempre debe ser una opción.

Recuerdo que en nuestra clase de Filosofía, el profesor de aquella escuela preparatoria pública en la que estudiaba en los inicios del año 2000 nos contó cómo Sócrates murió porque el tribunal de Heliastas lo condenó a tomar la cicuta por el mero hecho de corromper a los jóvenes. Esto se debía a que este filósofo incitaba a sus seguidores a no creer en los dioses impuestos por el Estado griego. Era como si fuera una fábula en la que se hacía apología directa a considerar cómo una religión puede llegar a causar la muerte de un filósofo tan renombrado y, por ende, atentar contra la razón, la lógica o la verdad.

Tiempo después, en algunos de los cursos a los que acudí extracurricularmente en la universidad, tuve la oportunidad de entender más a fondo el pensamiento de Sócrates y cómo, cuando se cuenta la verdad a medias, se crean versiones a modo de los personajes importantes de la historia. Es curioso que en los libros de la materia no integren la información sobre cómo él visitó el Oráculo de Delfos y cómo, a partir de ahí, el discurso religioso de este singular filósofo puede ser identificado como no creer en los dioses, pero sí en una divinidad a la que están sujetos los humanos y los colonos del Olimpo. Es decir, creía en una fuerza externa superior que rige todas las cosas. Y si bien no podemos decir que se refería a un solo ser, como lo configura la tradición judeocristiana, él no se consideraba un antidios, más bien la esencia de su discurso estriba en la introducción de un nuevo concepto de Dios al mundo griego. Esta nueva forma de pensamiento influyó notablemente en sus discípulos y podemos decir que fue la base para la teoría del motor de motores de Aristóteles, la cual es retomada más de mil años después por Santo Tomás de Aquino para dar fundamento a la Suma Teológica.

Resulta entonces muy importante recalcar que no, Sócrates no era antideidades, solo había llegado a una conclusión diferente sobre el concepto de la divinidad en su época. Ahora bien, en el siguiente capítulo ahondaré un poco más en la vida de Sócrates, así como me atreveré a comparar el actual sistema educativo con el pensamiento pedagógico del famoso tebano.

Sócrates

Sócrates nació en Atenas en el 470 a. C. Es de todos conocido que él es uno de los más grandes filósofos que ha existido en la cultura griega y me atrevería a decir que sobre la faz de la Tierra; tanto que en muchos libros de esta materia dividen a los presocráticos, socráticos y las posteriores escuelas de pensamiento griego, marcando un hito, un eje, un antes y un después. En los siguientes párrafos daremos un contexto.

En los albores de la civilización griega, existía el mito. Todo, como la mayoría de las civilizaciones, se explicaba a través de sistemas de creencias en las deidades, que se encontraban en el centro de la discusión pública e individual. Los dioses daban respuestas a la mayoría de las preguntas naturales y sociales con las cuales la sociedad se regía. En algún punto de la historia, las respuestas a los hechos naturales, como los ciclones, terremotos, maremotos o catástrofes naturales, dejaron de ser concebidas como caprichos o momentos de enojo de los dioses, y algunos griegos encontraron en la observación otras razones fundamentales más relacionadas con la causa-efecto. Es decir, en algún punto de la historia pasamos del pensamiento mítico al pensamiento racional, y entonces surgieron filósofos enfocados en conocer las causas naturales de la realidad, entre ellos Tales de Mileto, Anaxímedes, Heráclito, etc.

En sus inicios, estos pensadores quisieron encontrar el *arjé* (principio) de las cosas; en otras palabras, la causa fundamental que origina todo. De ahí surgió una intensa búsqueda por explicar la naturaleza y la cosmología. Sócrates es tan importante porque es el primer hombre que, con toda la fuerza de su existencia, promueve el profundo conocimiento del bien moral, la verdad y, por lo tanto, también de la felicidad. Para Sócrates, la felicidad se logra por medio del uso constante de la virtud, entendiendo a esta como la serena templanza, la cual no requiere de la relación con placeres sensibles y fugaces.

Este ser humano dedicó sus días a vagar por las *polis* griegas al más puro estilo «piso, enseño y me doy», dejando semillas de inquietud por la verdad dondequiera que iba. Quizá más allá de su extensa y profunda filosofía, la cual impartía hasta con el ejemplo hasta el último de sus días, las formas también importaron, ya que, para la época, Sócrates derribó los siguientes mitos. Desarrolló un método llamado mayéutica, en el cual la persona, mediante sus propias preguntas, llega a conclusiones propias sobre cualquier tema.

Actualmente, la educación en la gran mayoría de las escuelas se centra en el cumplimiento de programas de libros de texto que, ya sea con formas flexibles o estrictas, se deben cumplir a cabalidad. En muy pocas ocasiones, los maestros nos preguntamos si los temas que vienen en estos papeles impresos por el Estado cumplen con las necesidades reales de los pequeños alumnos que pasan de 7 a 8 horas todos los días en los recintos que llamamos escuelas.

Si comparamos la metodología de enseñanza de este gran maestro, podemos observar que, en un inicio, los recintos escolares estaban divididos en aulas. La palabra «aula» proviene del latín, que significa 'patio' o 'atrio'. Sócrates, al igual que muchos griegos, pasó su vida enseñando en las calles, patios y campos. Si bien en algunas ocasiones tenían acceso a los gimnasios griegos, el aula era más bien un espacio abierto donde los alumnos podían estar en contacto con el mundo exterior. En esos lugares se daba mérito a hablar sobre temas de conocimiento, pero también sobre asuntos comunes de la vida que la filosofía ayudaba a resolver.

En la actualidad, la palabra «aula» se asemeja más a «jaula». Se obliga a los niños a estar sentados en un lugar asignado, son un nombre y un apellido, pero también una matrícula y, en casos excepcionales, una medalla al mérito de conocimiento o al deporte para la escuela. Los salones de clase en la actualidad encasillan al niño en un lugar con cuatro paredes, donde, al igual que a los caballos, se les enseña a mirar solo hacia adelante con las gríngolas. De igual manera, a los niños los acostumbramos al aprendizaje en un mundo cerrado, donde lo único en lo que deben poner atención es en el material que el profesor brindará en clase.

En contraposición a los libros y textos, el maestro Sócrates, a través del método mayéutico, generaba en sus alumnos la capacidad de encontrar las respuestas a sus preguntas de manera autodidacta, acompañada de la argumentación, apología y, en muchos casos, del diálogo entre sus alumnos. La cooperación era totalmente indispensable para lograr la fusión de ideas confrontadas y llegar a niveles de pensamiento imposibles para el individuo, pero posibles para una comunidad cooperativa. La libertad para buscar el conocimiento era sagrada y cualquiera, sin importar quién fuera, podía llegar a saber más que el día anterior enfocándose en la continua curiosidad por la eterna enamorada de Sócrates: esa bella concepción del saber llamada Sofía (sabiduría).

Otro de los puntos a recalcar en el inicio de nuestra educación es la efusiva importancia que le damos al reconocimiento académico de nuestros estudiantes, creando de origen una división entre los buenos estudiantes y los malos estudiantes. Aun con todas las nuevas investigaciones sobre los diferentes tipos de inteligencias que pueden ser medidas en el ser humano, nos seguimos enfocando en el estudiante que resuelve los problemas matemáticos del libro, se aprende de memoria las fechas del texto de historia o se aprende más rápido que los demás la letra del himno nacional.

Me atrevo a preguntar a cuál de todos esos niños le servirán las raíces cuadradas a la hora de emprender un negocio o cuál será la utilidad de saber la fecha exacta de la independencia de México cuando ese pequeño niño inicie una familia. O aún mejor, ¿qué efectos positivos en la salud de ese niño tendrá el himno nacional cuando se enfrente a situaciones de carácter emocional como la pérdida de un ser querido, el desempleo, una enfermedad o una ruptura amorosa?

Quizá podríamos argumentar que en algún momento de la vida se utilizarán, y no es la finalidad decir que un conocimiento es mejor que otro, sino que el enfoque sobre lo que el alumno personalmente necesita conocer es otro. En estos días perdemos futuros excelentes seres humanos por el hecho de medirlos de una forma casi unilateral. Parece necesario que el sistema, desde temprana edad, categorice a nuestros niños en buenos, mejores y peores en función de un «proceso educativo» que encierra a los niños en una jaula, digo, en un aula 1920 horas al año, haciendo que aprendan conceptos de libros creados por personas elegidas por el político en turno que quizá nadie conoce ni sepamos cómo llegaron ahí, decidiendo qué temas son los propicios para nuestros pequeños.

La libertad con la que enseñaba Sócrates tampoco la gozan los maestros, estos héroes anónimos que tienen que lidiar con sistemas burocráticos, modelos de premiación al docente más obediente y premios a aquel que propició que sus alumnos aprendieran los conceptos que la prueba de enlace calificará para detectarlos y accederlos posteriormente en esta estructura que se nutrirá eternamente modificando y encumbrando a quienes mejor saben hacer repetir el sistema. En verdad, pocos, muy pocos son aquellos que logran resistir las fauces de un modelo que nació para crear soldados en masa por allá del 1850 en la ya desaparecida Prusia.

Otra de las principales virtudes que podemos aprender de Sócrates es su humildad ante el conocimiento, expresada en su recordada frase «Yo solo sé que no sé nada». Esta afirmación nos sumerge en la idea de que al reconocer nuestra ignorancia, se abre la oportunidad de encontrar el camino hacia lo que deseamos conocer. Él encontraba en la ignorancia el único mal del hombre, ya que, por naturaleza, el ser humano tiende a escoger el bien para sí mismo, pero la falta de conocimiento nubla sus decisiones, y, por ende, termina haciéndose mal a sí mismo y a los demás.

Así que, en síntesis, para aquellos que al leer las ideas del que suscribe se preguntan cómo habrá orden en un mundo educativo en el cual la rigidez, los programas educativos y la memorización de conceptos sean temas secundarios, la respuesta está en la fe hacia la humanidad que estos filósofos ya le profesaban a sus alumnos desde aquellos años. Crear seres conscientes, críticos y capaces de adquirir su propio conocimiento generará personas que busquen su propio bien y el de los demás.

La falta de este objetivo en la vida educativa actual, en la que la ignorancia es adolecida por un gran número de personas, crea malas decisiones, caos y desorden social. Aquello a lo que tememos en nuestras escuelas ya sucede en la sociedad en forma de inseguridad, falta de empleo, apego a programas sociales, problemas de alimentación, salud mental, etc. Estos son índices que surgieron aproximadamente 150 años, coincidiendo con los mismos en los que empezó a operar el sistema de educación tradicional importado por Gabino Barrera desde las aulas positivistas francesas de Augusto Comte.

Una de las historias que siempre les cuento a mis alumnos para entender el positivismo es aquella en la cual me encontraba tomando un café con mis amigos de la universidad. Aquella vez decidimos salir de la rutinaria cafetería de la facultad, y como nos habían llegado las becas de aprovechamiento académico, decidimos ponernos elegantes y acudir a uno de los pequeños pero deliciosos cafés del centro de la ciudad.

Una vez que llegamos, el chico que nos atendió de manera muy amable nos pidió que ordenáramos. La mayoría pidió un *cappuccino*, alguno que otro solicitó un expreso, y en ese momento, yo deseaba un *latte*. Al expresarle mi pedido al chico, me dijo que no iba a ser posible darme un café *latte*, ya que no estaba en la carta del menú. Un poco intrigado por la situación, le pregunté si tenían café americano, a lo que me respondió que sí. Luego, le pregunté si contaba con leche, y la respuesta fue positiva también. Le pedí amablemente que si al café americano podía ponerle leche.

En ese momento, el chico pareció descubrir que estaba hackeando al sistema y que me entregaría un *latte*. Me dijo que no podía darme el *latte* ya que no estaba en la carta. Respiré profundo y le pregunté cuál era el verdadero motivo de semejante obstrucción para obtener gusto en mi paladar matutino. Me comentó que el dueño, en su capacitación, les había dicho con mucha firmeza que solo se sirviera exclusivamente lo que estaba en la carta; cualquier otra solicitud presentada por un cliente sería denegada, ya que se habían encontrado con muchos casos en los que al dar atención especializada a los comensales la cocina se convertía en un absoluto caos.

Entendiendo la situación, cosa extraña en el momento, dado que en mi juventud mi carácter era algo más difícil de amansiguar, le hice una última propuesta. Le dije: «¿Crees que sea posible que me traigas el americano y en el menú veo que venden vasos de leche, entonces me podrías traer uno aparte? Aquí yo puedo mezclarlos y hacer mi *latte*. Tú puedes cargar a la cuenta dos productos que están en la carta y todos podemos ser felices». Él, aliviado, me comentó que esa era una opción viable y *voilà*, se hizo el café.

Esa tarde, después de haber tenido esa experiencia, me puse a pensar cómo era posible que a veces las normas seguidas a rajatabla puedan complicar la vida de las personas y cómo, en búsqueda del orden, se puede crear caos y la insatisfacción de los clientes que visitan tu negocio. Esa tarde entendí lo que mi maestro de filosofía de la universidad trataba de explicarnos sobre el positivismo. El positivismo busca el orden y el progreso a través de la consecución de objetivos mediante la unificación de criterios, los cuales construyan una realidad única que no presente posibilidades o variantes, es decir, realidades únicas.

Si bien estudié la carrera de leyes porque me fascinaban los procesos y siempre entendí que las cosas debían tener un orden, ese día algo en mí cayó en cuenta de que la construcción de sociedades que siguieran al pie de la regla las instrucciones del Estado, empresa, familia, etc., creaba individuos poco flexibles, incapaces de entender el entorno en el que se encuentran. Estos individuos deben revisar los libros, manuales, decretos, instructores, protocolos o cualquier otro medio que dé las respuestas de qué hacer en las diferentes circunstancias. Entonces, recordé que los griegos ya habían hablado sobre este tipo de personas; se referían a ellos como «autómatas» de manera burlesca, ya que estos últimos eran los primeros robots de la antigüedad, creados para defender ciudades o servir a los dioses. No poseían alma ni capacidad de raciocinio en cuanto a la toma de decisiones, solo repetían las indicaciones como máquinas automatizadas.

El ejemplo del chico que trabajaba en el café es uno de millones de ejemplos que pueden ser extraídos de cualquier escuela, organización, empresa o comunidad. La sociedad creada a partir del positivismo de Comte, en muchas sociedades humanas desde el siglo XIX, puso en el progreso una idea sacralizada que parecía asemejarse a lo que en su tiempo muchos buscamos en la virtud o en la satisfacción del hombre. Aunque la eficacia y eficiencia del progreso trajeron satisfactores materiales a muchos de nosotros, al parecer no lograron resolver el punto de la satisfacción emocional, espiritual y humana a la que estamos obligadamente destinados por naturaleza.

La incorporación de la productividad como eje esencial para llegar a la superación humana se tradujo en la adopción de ideas positivistas en la educación en nuestro país. Gabino Barreda, mencionado anteriormente, admirador y alumno de Augusto Comte en París, trajo a mediados del 1800 los principios de Orden y Progreso. Como parte fundamental para llegar a esos dos objetivos, era imprescindible el enfoque de la educación intelectual de las personas, las cuales debían ser absueltas de la condena doctrinal teológica que no veía con buenos ojos las ideas liberadoras de la nueva educación positivista. Solo apartando todo pensamiento incomprobable y místico, y llevando la mente a lo eminentemente tangible e irrefutable por medio de la ciencia, se podía generar una mejor humanidad. Bueno, por lo menos el discurso tenía un buen branding para liberar a la humanidad.

En 1867 se creó la Escuela Nacional Preparatoria bajo los principios de que solo una educación emancipadora podría poner fin a los males de la ignorancia que aquejaban al país. Esta escuela, creada por el Estado, proyectó en el tan deseado fin de la anarquía política y social una educación de carácter formalista, cívico y positivo. Desde entonces, ese modelo fue recreado en los sistemas educativos posteriores y a principios del siglo XX, gran parte de las universidades del país se encontraban bajo esta dinámica educativa.

El positivismo creó tanto orden que muchas escuelas empezaron a parecer campos de concentración en vez de lugares en los que se estaba gestando la liberación humana. Muchos niños entre 1920 y 1970 fueron testigos del auge de este modelo, así como del clásico reglazo que los maestros daban con un instrumento llamado metro. También, dentro de este modelo, se popularizó rapar a los niños y generar un modelo de vestimenta llamado uniforme. Rapar a los niños, adolescentes y jóvenes del género masculino era común, y cómo olvidar la melodramática frase «la letra con sangre entra».

Para muchos *millennials* o *centennials*, esto pareciera salir de una aberrante imaginación cinematográfica o de alguna historia macabra sobre lo que sucedía en las escuelas en algún lugar lejano del mundo. Sin embargo, aunque carezca del aval de TikTok o Instagram para certificar dichos sucesos, existen testimonios de cientos de millones de padres de familia o abuelos actuales que pueden atestiguar lo escrito por el autor.

Aunque pueda parecer algo difícil de entender en la época actual y con la llegada de los derechos humanos al lenguaje universal de la educación, muchas de las prácticas iniciales en este modelo quedaron en desuso. Hoy aún subsisten muchas prácticas que vinculan la educación positivista. Por ejemplo:

1. Los programas académicos son considerados sagrados.
2. Los grados escolares emulan a las bandas de producción de mercancías en masa.
3. La premiación y el galardón se otorgan a aquellos que mejor asimilan el sistema.
4. La discriminación hacia las mentes críticas e inquietas.
5. La infalibilidad del docente.
6. La calificación entendida como cualificación.
7. La escuela como un medio para tener una mejor categoría social y no para tener una mejor vida.

Contrario a la educación prusiana que aún permea nuestros programas educativos, para Sócrates el pensamiento crítico era una de las herramientas más valiosas en el plano intelectual para cualquier persona, especialmente para aquellos en plena formación. Según textos de sus discípulos, Sócrates se dirigía a uno de ellos y le planteaba una pregunta aparentemente simple. A medida que el estudiante intentaba responder, el maestro continuaba cuestionando, desafiando suposiciones y exigiendo una mayor claridad. Al final del proceso, el alumno se daba cuenta de la falta de fundamento de sus creencias anteriores y lograba una comprensión más profunda del tema en cuestión.

Otra de las principales contribuciones de Sócrates a la pedagogía fue su insistencia en la importancia del conocimiento de uno mismo. Para él, la búsqueda de la verdad no solo implicaba explorar el mundo exterior, sino también adentrarse en el mundo interior. Según el filósofo griego, el verdadero conocimiento comienza con la introspección y el autoexamen. En un famoso pasaje del diálogo platónico «Apología de Sócrates», aparece la frase socrática «una vida sin examen no merece ser vivida», la cual se convirtió en un lema que inspira a muchos a reflexionar sobre sus acciones y creencias. De hecho, según Sócrates, solo a través del autoconocimiento es posible tomar decisiones informadas que lleven a un comportamiento ético.

Ahora, más que nunca, las ideas de Sócrates son necesarias en los modelos de educación actual. El enfoque en el diálogo, el pensamiento crítico y el autoconocimiento son componentes fundamentales de muchas metodologías pedagógicas contemporáneas, tomando en cuenta la era informática actual, donde la información está a un clic de distancia, al igual que la desinformación. Las personas somos cada vez menos críticas con lo que entra por nuestras pequeñas, pero sin filtro muy dañinas pantallas de celular; los filtros quedaron solo para que las chicas que se la viven en Instagram agreguen corazones a sus cuentas. Me da mucha pena tener que usar una película en la que participe Eugenio Derbez, pero tengo que reconocer que su ejemplo es el más certero que he podido encontrar para ejemplificar el sistema crítico que Sócrates avalaría para poder potenciar a los alumnos.

La historia de *Radical* (2023) trata sobre la desilusión de Sergio con el sistema educativo convencional al observar a sus estudiantes desinteresados y aburridos. Decidió emprender la búsqueda de alternativas y, después de una extensa investigación en libros y en línea, descubrió un método educativo revolucionario desarrollado por Sugata Mitra, un destacado experto indio en tecnología educativa de la Universidad de Newcastle, en Reino Unido.

Sergio inició su carrera docente con un objetivo claro en mente: ofrecer a sus alumnos una oportunidad genuina de mejorar su calidad de vida. Aunque impartía ocho materias distintas, desde Matemáticas hasta Ciencias, en algún momento, algo cambió en su enfoque. El innovador método de Sugata Mitra permitía a los niños descubrir una nueva forma de aprendizaje, utilizando una computadora como herramienta de enseñanza. Los estudiantes se convirtieron en experimentadores activos, mientras que los maestros asumían un papel de facilitadores.

Este enfoque, centrado en la autonomía y el descubrimiento del alumno, resultó en un éxito inmediato. No solo reavivó el interés y la motivación de los estudiantes, sino que también sacó a relucir talentos ocultos. Una de las jóvenes promesas que sobresalió fue Paloma Noyola, quien sorprendió a todos al obtener el primer lugar a nivel nacional en la prueba Enlace. La historia de Paloma se hizo viral, y los medios estadounidenses la bautizaron como «La niña Jobs», en referencia al fundador de Apple, Steve Jobs. Las historias de Sergio y Paloma capturaron la imaginación del mundo entero, llegando a destacar en la portada de una revista estadounidense en 2014 bajo el provocador título de *The next Steve Jobs*.

Una educación a la griega

La paideia en la Antigua Grecia. Museo Nacional de Atenas.

Hoy en día, uno de los principales problemas del modelo educativo radica en la reticencia de los maestros, supervisores y funcionarios educativos a enseñar fuera de los planes autorizados por el Estado. Esta política puede justificarse argumentando que debe haber criterios de enseñanza que proporcionen las herramientas necesarias para que cualquier alumno que pase por el sistema educativo pueda integrarse exitosamente en la sociedad. Sin embargo, aunque las estrategias educativas se esfuercen al máximo, ninguna escuela ha logrado anticiparse a los constantes cambios sociales que modifican el rumbo del mercado y las preferencias laborales de millones de personas en todo el mundo.

Apegarse a programas obsoletos que deben pasar por extensos trámites burocráticos, los cuales pueden tardar años en aplicarse, retrasa en muchas ocasiones la oportunidad para que millones de estudiantes se actualicen frente al mundo que los rodea. Es comprensible que los sistemas educativos no tengan el alcance necesario para impulsar programas educativos innovadores o a la vanguardia, pero ¿prohibirlos? Ahí radica el problema.

Los maestros que forman parte de la educación del estado, ya sea en escuelas públicas o privadas, deben cumplir con el requisito de enseñanza establecido por los libros autorizados por el gobierno. Esto se hace a raíz de que unos pocos empleados públicos en una oficina han decidido que esas son las enseñanzas pertinentes que deben ser absorbidas por la población estudiantil. Cualquier maestro que se aparte de la estructura definida por el gobierno se verá afectado mediante una prueba anual, en la cual tanto el plantel, el profesor como los alumnos pueden ser evaluados como de baja calidad o con poco aprendizaje.

Algunas escuelas privadas en el país mantienen cierta autonomía al proporcionar habilidades sociales, valores y, por supuesto, apuestan por la espiritualidad religiosa como un sentido de pertinencia y necesidad básica de su organización. No sorprende que, para acceder a ellas, los alumnos deban pagar en promedio mucho más que en cualquier institución pública.

Entonces, ¿habrá alguna diferencia sustancial que refleje que el alumno que recibe un poco más de lo estrictamente solicitado por el Estado?

Al parecer, sí. Un estudio realizado por la Universidad Nacional Autónoma de México en 2017 informa que los estudiantes provenientes de escuelas privadas presentan una ventaja significativa a la hora de ingresar a esa universidad pública. Siempre podemos señalar el bajo nivel de la escuela pública, a los profesores, directores, gobierno corrupto o la falta de interés de los alumnos, pero ¿y si reflexionamos sobre la estructura que plantea dicho sistema? ¿Qué hacen las escuelas privadas que las públicas no hacen? ¿Qué aprendemos de lo que estamos haciendo mal y proponemos soluciones a medida de las posibilidades de los sistemas educativos? Estas son algunas preguntas que me hice antes de iniciar el Programa Nacional para la Superación Integral A.C.

El programa ASI inició sus operaciones educativas a finales del año 2011, pero la idea de constituirse surgió en agosto de ese mismo año. Me encontraba en medio de los retos más grandes de mi vida, llevando a 128 jóvenes y adolescentes a la Jornada Mundial de la Juventud. Este evento reúne a adolescentes, jóvenes y adultos de todo el mundo en un espacio para compartir la alegría de la espiritualidad. Mi estancia como coordinador del grupo surgió debido a mi experiencia en dos jornadas anteriores en Colonia, Alemania (2005) y Sídney, Australia (2008), así que tocaba ahora con la experiencia obtenida llevar a estas almas jóvenes a encontrarse con esta inigualable experiencia.

Durante un *workshop* en una parroquia antes del encuentro principal, tuvimos la oportunidad de escuchar a un equipo de jóvenes franceses que trabajaban para su templo, ofreciendo servicios educativos integrales. Esta organización, extendida por toda Europa, permitía que los parroquianos accedieran a cursos sobre ingeniería agroalimentaria, turismo ecológico, marketing digital, entre otros, imagínese ese tipo de cursos en 2011; sin lugar a duda, la sociedad europea estaba implementando en comunidades lo que solo había en las universidades más adelantadas de nuestro país en aquel entonces. Al regresar a México, esta charla quedó como una anécdota que resaltaba la brecha educativa entre Europa y nuestra Tierra.

Seis meses después, agotado por coordinar esa experiencia, recibí una llamada de uno de mis confesores de la época, el padre Daniel de la Acción Católica. Estaba preocupado porque algunos de mis excompañeros de la juventud católica le habían comentado que después de esa jornada mundial, al parecer, me encontraba un poco alejado de las acciones de la iglesia, y era totalmente cierto. El trabajo en la universidad y en la Comisión Estatal de Derechos Humanos generaba suficiente estrés como para dejar de pensar en las cosas de la iglesia. El día que recibí la llamada, aunque al principio pretendía alejarme de las actividades sociales para enfocarme en construir una vida «estable y segura», una parte de mí se alegró desde lo más profundo del alma. Sentía que había llegado el momento de algo, aunque no sabía exactamente de qué ni a qué nivel.

Cuando visité al padre, me dijo que quería hacer una asesoría. Él deseaba saber cómo podía ayudar a sus sacristanes y secretaria para que pudieran terminar la preparatoria. Los dos sabíamos que no era solo una asesoría. Yo sabía que mi interés por la academia era considerable y que tomaría cartas en el asunto. En el momento en que me mostró los nombres de ocho personas a las que quería ayudar, no dudé en decirle que existía un proceso llamado Ceneval, mediante el cual las personas podrían estudiar de manera autodidacta y así concluir su bachillerato mediante asesorías, sin necesidad de asistir a una exigente carga curricular entre semana. Mientras le explicaba cómo podría funcionar el programa, de repente vi en su rostro la sonrisa oculta del deber cumplido. Ya me había emocionado y, por supuesto, acepté el reto. Sin embargo, le comenté que podría ser una buena idea invitar a más personas a través de los avisos en el templo al final de la misa para que se integraran a los cursos y así poder costear el programa de estudio. Él me dijo que me presentaría en las misas del siguiente domingo, y ahí empezó realmente todo.

Los domingos solía dar avisos en la misa, algo que ya tenía dominado desde que me uní a los encuentros juveniles. Siempre concluía con alrededor de diez nuevos jóvenes a los cuales introducir al mundo de la espiritualidad. Sin embargo, ese domingo sería extraordinario. Eran las 8:00 a. m., y me encontraba con Jonathan, un adolescente que me había ayudado a crear los expedientes de viaje para la experiencia de la Jornada Mundial de la Juventud.

Ese día le pedí que apoyara de manera altruista para invitar a más personas a estudiar la preparatoria. Si lográbamos juntar un grupo de diez personas más, podríamos cobrarles 100 pesos a cada uno, y a él le podría dar 50 pesos por sábado, apoyándome a pasar lista y recibir a los alumnos mientras llegaba el profesor de matemáticas, Juan Manuel Vargas, también amigo y compañero de innumerables batallas con adolescentes rebeldes. Después de él, seguiría yo con las materias sociales, siendo cuatro horas las que pasarían las personas estudiando en uno de los salones de la Acción Católica.

Casi al terminar la primera misa, me dispuse a invitar a las personas diciendo: «Queremos invitar a las personas que, por alguna situación familiar, de tiempo, económica o de trabajo, no hayan podido terminar el bachillerato. Se cobrará una pequeña cantidad, y las clases serán los sábados». Al salir vi la cara de la gente algo diferente, como si hubiera hecho algo que todos pensaban pero nadie se atrevía a hacer: regresar la educación formal a las iglesias.

Cuando Jonathan y yo nos quedamos esperando al final del templo con nuestra pequeña mesa plegable de plástico y las 10 fichas de inscripción que habíamos planeado, llegamos al final del día con 87 personas inscritas. Curiosamente, las fichas elaboradas con el programa Publisher se agotaron en los primeros cinco minutos después de terminar la misa. Tuve que ir en mi coche por mi impresora para que, a la mexicana, conectamos una *laptop* y la pequeña impresora de mi casa para seguir imprimiendo fichas todo el día. Ahí comenzó todo.

Seis meses después, estábamos utilizando ocho salones de la Acción Católica los sábados, así como el patio, las escaleras y cualquier rincón donde cupiera un pizarrón. Contábamos con doce maestros, y la gente seguía llegando sin necesidad de acudir a las parroquias para difundir el servicio. Fue en ese momento, al ver que Jonathan estaba recibiendo incluso más personas de las que ya no cabían en el lugar, que caí en cuenta: la gente quiere superarse, quiere ser mejor, realmente quiere estudiar.

El reflejo de la propaganda gringa en la que el mexicano está tirado con un sarape al lado de un nopal no era cierto. Las personas en este país quieren superarse; está en su naturaleza. A pesar de todos los esfuerzos por la educación, aún faltaba y sigue faltando. Las personas realmente quieren estudiar con calidad y calidez a un precio que puedan pagar. Fue entonces cuando tomé la decisión de crear y dar forma al Programa Nacional para la Superación Integral. Esta sería una organización que funcionaría con una proyección a largo plazo, en la que las cuotas fueran realmente accesibles para la comunidad, pero también pudieran obtener una formación como la de las más prestigiosas escuelas privadas. Sabía perfectamente lo que esta nueva escuela necesitaba, necesitaba griegos.

Desde el primer plan de trabajo elaborado en la ahora Asociación Civil educativa, se contemplaban cuatro ejes de forma y tres ejes de fondo. El primer eje de forma sería cambiar la palabra «escuela» por «comunidad educativa». El significado de la primera palabra está relacionado con la instrucción, lo que requiere que siempre haya un instructor; en relación con los maestros, es decir, alguien que te diga que está bien y que está mal. Esta forma de ver la educación debía cambiar en la nueva organización. En las polis, todos los griegos habían desarrollado la democracia para que la mayor cantidad posible de individuos pudiera participar en las decisiones de la comunidad. Por lo tanto, podríamos tomar el orden de las organizaciones escolares, así como la autoridad y procesos actuales. Sin embargo, los maestros, alumnos y directores debían ser parte de una comunidad interesada en generar el objetivo principal, que era producir la mejor educación factible.

El segundo eje tiene que ver con el objetivo final de la organización: que las personas, al terminar el proceso de aprendizaje, se superaran. No era solo memorizar y pasar el examen final para poder certificarse. La finalidad del programa era que todos los alumnos fueran mejores personas después del tiempo transcurrido del proceso educativo. Cada uno, de forma individual, sabía si había logrado mejorar en su aspecto personal. Sin embargo, el programa brindará, durante la trayectoria, diversos cursos de desarrollo humano y espiritual que el alumno podría tomar de forma voluntaria para crecer en otros aspectos, no solo en el académico.

El tercer eje es que se incorporarán de manera constante los temas actuales en cuanto a la profesionalización, más allá de los temas oficiales requeridos. De esta manera, estaríamos invitando a personas que trabajaran en cualquier ramo que presentara innovaciones interesantes para la comunidad. Estar actualizados era una prioridad que no dependería de algún plan de estudios; siempre habría que ir un paso adelante.

El último eje de forma se refería a la implementación de la tecnología educativa. Incorporaríamos, si era necesario, los programas más económicos pero costeables para que los alumnos pudieran aprender a través de plataformas educativas. Quizás los programas educativos que integrábamos para que todos los estudiantes realizaran actividades entre semana eran algo común en muchas escuelas ya para principios de la década. Sin embargo, en nuestra organización, representó todo un reto incorporar el uso tecnológico en el uso diario del proceso educativo.

Hoy en día, no es posible potenciar la educación sin tecnología. Si bien para muchos de los profesores de la vieja guardia podría parecer una moda tener computadoras de última generación en las aulas de las escuelas, las personas que se encuentran a la vanguardia en estos temas saben que el apalancamiento de herramientas virtuales impulsa con gran potencia el aprendizaje de las personas.

Durante la pandemia de la COVID-19, las organizaciones educativas que estuvieron listas en el tema de la conectividad a distancia lograron mantener y avanzar en los procesos de enseñanza-aprendizaje. En cambio, las instituciones que no estaban adaptadas a este tipo de trabajo tuvieron un sinfín de problemáticas para cumplir con sus metas y planes de trabajo. La educación virtual fue una apuesta en la que creo que para bien acertamos.

Esos cuatro ejes, sin lugar a duda, fueron los que permitieron que esta nueva comunidad educativa pudiera ser un espacio real de crecimiento en las parroquias que iba tocando. Poco a poco, la comunidad educativa se fue integrando en cada vez más ciudades, pueblos y regiones del país. Hoy en día, la comunidad se encuentra extendida en línea por diversas ciudades del Bajío, Centro y Norte del país, y para el momento en el que este libro sea publicado, se estará extendiendo a ciudades de Estados Unidos, donde estamos seguros encontraremos esas ganas de superación con las que surgió este pequeño pero afanoso programa de educación.

Tal y como lo hizo Sócrates a la griega, llevando la buena nueva filosófica en cada *polis* que pisaba, así es como la superación humana puede ser promovida. Puedo decir que he visto el poder de transformación de la educación, y es que nuestra existencia puede dejar perplejos a quienes no vislumbran el éxito educativo sin recursos públicos, sin subsidios, sin pagos excesivos. Tal como el antiguo maestro de Atenas demostró a los sofistas que la filosofía podía ser adquirida por cualquiera que tuviera las ganas, ímpetu o al menos la curiosidad de adquirirla, así mismo es la educación. Ella está ahí, esperando ser elegida por aquel que desea quitar la ignorancia de su vida de una vez por todas.

La educación nutre, da vida a la esperanza de la gente, germina paz, armonía y concordia entre los seres humanos, porque una persona que tiene conocimiento siempre sabrá que colaborar es mejor que competir, y que la virtud que brinda aprender cada día algo nuevo te da la oportunidad de esperar eso de las demás personas, aprendizajes.

Paulo Freire decía que no había nadie en el mundo que no tenga nada que compartir y que, a su vez, no hay nadie que tenga tanto conocimiento que no pueda aprender algo nuevo. Bueno, pues este programa no ha dejado de aprender a través de las miles de almas que han pasado por sus salones, patios eclesiales, canchas deportivas, estacionamientos, escaleras o cualquier espacio que fungiría para que un maestro y alumnos pudieran pasar algunas horas del sábado en el proceso maravilloso que se llama educación.

Estoy convencido de que la educación es para quien lucha por ella. He tenido la hermosa oportunidad de ver a gente de 68 años terminar su bachillerato en nuestro programa, al mismo tiempo que observo cómo un niño de 5 años ya aprende francés en el curso de idiomas. Observo en cada clase que puedo dar los sábados a cientos de jóvenes que en su mirada se quedan expectantes al escuchar las famosas historias sobre Diógenes, los estoicos, Epicuro o los cínicos en mi clase de filosofía. En cada clase se percibe esa curiosa inquietud de buscar en la educación un mejor trabajo y una mejor calidad de vida, pero más allá de eso, esa persona que está haciendo lo posible por aprender, en el fondo, se nota que quiere ser simplemente mejor.

Dentro de los tres ejes de fondo complementarios que permitieron que el programa pudiera avanzar de una forma adecuada ante los problemas de deserción, ausentismo o la realidad económica que enfrenta cualquier organización en la cual la finalidad es que las personas terminen procesos, se integraron en las diferentes etapas diversos talleres y pláticas de escuelas griegas. Ahora me doy cuenta de que estos talleres pueden servir para cualquier institución educativa que desee potencializar el pensamiento crítico de las personas, pero sobre todo brindar herramientas importantes para enfrentar los retos de la vida.

Dicen que la escuela de la vida es la más difícil y, en muchas ocasiones, nos olvidamos de que nuestros alumnos son personas que lidian todos los días con una infinidad de situaciones de las cuales nosotros, como docentes, no tenemos idea. Entender cognitiva y empáticamente al otro es muy importante a la hora de emprender una travesía en la educación. No hacerlo es otra opción; sin embargo, ver a los alumnos como mercancías o productos autómatas a los que hay que insertarles programas educativos de memoria no creo que sea el objetivo real de esta área que es la docencia.

A través de diversas charlas y talleres se creó un área dentro del programa que formulara talleres que tuvieran como objetivo llevar temas que sirvieran directamente al área personal de los alumnos. Dentro de estos espacios educativos desde hace ya algunos años, se impartieron temas de diversos filósofos griegos que nos enseñaban a vivir, y sobre todo a poder ser felices. Es extraño que ser feliz sea algo que al parecer todos buscamos, pero no existe ninguna materia que te diga cómo ser feliz. También resulta extraño llevar matemáticas y después teoría de la felicidad. Sin embargo, quizás esta sea la razón por la que hay mucha gente preparada pero muy poco podría decir honestamente que aprendió a ser feliz en la vida.

Hemos llegado al momento culmen del presente libro. Estas serán las páginas en donde te propondré a ti, institución educativa, gubernamental, empresa o a tu familia que desea incorporar una ideología que pueda generar en los miembros de tu organización herramientas para que puedan sentirse, por lo menos, satisfechos en su realización humana y, por lo tanto, puedas erradicar el hiper narcisismo que está destruyendo a las comunidades humanas.

¡Más filosofía, por favor!

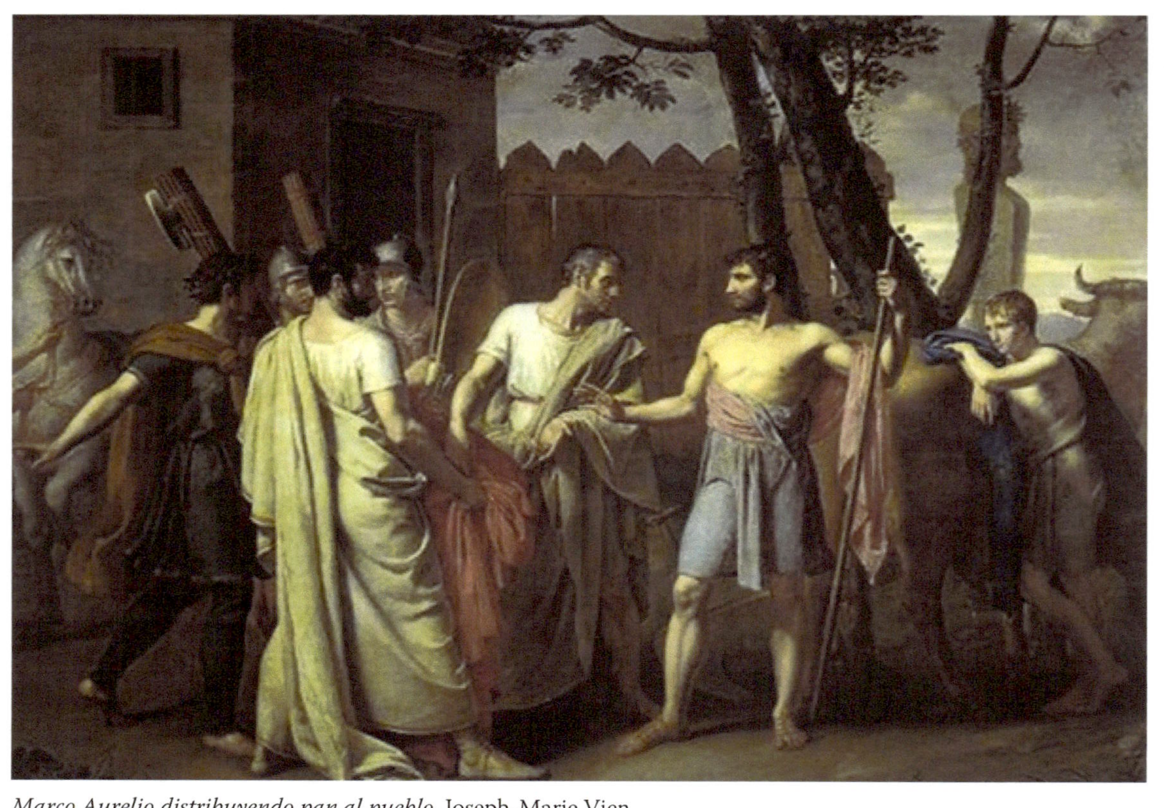

Marco Aurelio distribuyendo pan al pueblo. Joseph-Marie Vien.

Alumnos cínicos

Las escuelas en la actualidad son el reflejo social de todas las virtudes y males que existen en la sociedad. También son el reflejo de las familias y el producto de la historia educativa de cada lugar. Sin embargo, puedo decirte con completa seguridad que estos lugares, sobre todo en la secundaria o preparatoria, se convierten en una jungla donde los estereotipos y la presión social juvenil pueden convertirse en una verdadera pesadilla para aquellos niños en proceso de hacerse hombres o mujeres adultas. Los estándares de cómo debes vestirte, agradar a los demás, rendir en la escuela para que tus padres estén conformes, caerle bien al maestro, no ser víctima de *bullying*, así como un sinfín de nuevas ideologías sobre el tener para ser, son una carga mental real para nuestros adolescentes en estas etapas escolares. En muchas ocasiones, este tipo de presión se sigue sintiendo posteriormente en la universidad, donde la exigencia social también es muy importante, y qué decir si se sigue por la línea social de buscar la validación ajena como moneda de cambio para la felicidad.

Creo que formar cínicos en esta época de la vida es muy importante, pues permitirá al ser humano de esa edad encontrarse con un tipo de sabiduría que le permita deshacerse de prejuicios de validación y enfocará su autoestima en lo que en realidad importa: lo que él en verdad quiere ser. Para dar más especificidad a lo que me refiero, utilizaré la historia de Diógenes y Alejandro Magno.

El célebre cínico está sentado en su tonel, rodeado de filósofos y soldados, mientras que el soberano avanza hacia él. La anécdota cuenta que, estando Diógenes en Corinto, dormía en una tinaja. Al llegar Alejandro a la ciudad con su ejército, toda la población fue a recibirlo, pero Diógenes se mantuvo indiferente a la pompa del emperador. Entonces fue el propio Alejandro Magno quien, conocedor de la fama del filósofo, buscó a Diógenes y le dijo: «Quería demostrarte mi admiración. Pídeme lo que tú quieras, puedo darte cualquier cosa que desees», ante lo que Diógenes respondió: «Por supuesto. No seré yo quien te impida demostrar tu afecto hacia mí. Querría pedirte que te apartes del sol. Que sus rayos me toquen es, ahora mismo, mi más grande deseo».

Me encanta esta historia, ya que Diógenes nos muestra una de las actitudes que más poder tiene en el mundo: desear cosas simples. Es evidente que Alejandro Magno se había convertido ya en una de las personas más poderosas en el mundo helénico, y al filósofo sencillamente no le importó. ¿Entonces, ser cínico es que no te importen los demás? Ser cínico significa elegir la luz del sol ante cualquier otro distractor y que no te importen los demás, adentrarse en este tipo de visión sobre la vida te vincula a buscar la Eudaimonía y la claridad mental.

En mi época de secundaria, la mayoría de los chicos no sabíamos lo que realmente queríamos en un sinfín de cosas a las que les dábamos importancia. El humo en nuestras cabezas era tan grande que podíamos notar cómo adolescentes entre 13 y 15 años se alcoholizaban o incluso se drogaban al salir de la escuela. Quizás lo hacían por diversión, pero muchos de ellos, me queda claro, tenían bastantes problemas en casa. La drogadicción en una escuela pública no es que sea habitual, en muchas escuelas es obligación para entrar en el círculo de aceptación social. Hay muchos mini Alejandros Magnos queriendo incorporar a sus huestes a más pequeñas conciencias que no tienen otro referente ideológico que el que imponen TikTok, la televisión o Instagram. Ser parte de una comunidad es una importante presión social que muchos adultos tomamos a la ligera, pero es trascendental hacerlos más cínicos.

El concepto de Eudaimonía se compone de *Eu* (bueno) y *daimon* (espíritu), espíritu bueno. Este concepto de los cínicos, pocas veces visto dentro de la propaganda falsa de la felicidad, está relacionado con vivir para estar bien o para florecer. Sin las escuelas tuviéramos un poco de Diógenes en los salones de clases o programas académicos, esas pequeñas mentes en desarrollo podrían aprender lo que un filósofo al que le apodan «el perro» hacía frente al poder, la fama o el reconocimiento social. Despreciar el reconocimiento social no es la finalidad de un cínico, más bien es encontrar en la simplicidad de la vida o de la naturaleza las cosas que ya se necesitan. Hoy en día, los chicos parecen no poder respirar bien si no tienen el nuevo iPhone 15 de Titanium o si no pueden adquirir los *tickets* para ver a su artista favorito. Ser parte de la comunidad del consumismo es más importante que ser parte de aquellos que desean paz mental y tranquilidad.

Los adolescentes y jóvenes se encuentran ahora más que nunca excitados socialmente. Hay tanto por hacer, por descubrir, por probar que no hay tiempo para reflexionar si realmente desean ese tatuaje o parecerse a Karely Ruiz para ser aceptados. Ante la debacle de las familias ante este bombardeo mediático en pro del humo y la felicidad barata, historias como la de Diógenes yendo a ladrarles en el ágora a los ricachones que le habían puesto el apodo del perro, o quizás la historia en la que él solo tenía tres posesiones: una manta, un bastón y un traste para tomar agua, al darse cuenta de que un niño tomaba agua con sus manos, decidió tirar su instrumento para beber, por considerarlo innecesario.

¿Los planes de estudio deben esperar a que los jóvenes lleguen a las bibliotecas universitarias para conocer este tipo de historias? Por supuesto que no. Hay un sinfín de anécdotas helénicas que pueden ser de gran utilidad y que, al ser incorporadas en los planes de estudio de las organizaciones, pueden crear individuos mucho más conscientes de lo que en realidad importa en la vida. Podrían prevenirse muchos suicidios, adicciones y, para no ir más allá, frenar la dirección de próximas vidas adultas carentes de sentido.

Profesionistas estoicos

Marco Aurelio en su obra *Meditaciones* dijo: «Los objetos exteriores no pueden impresionar de ningún modo el alma; ni tienen acceso, ni pueden operar en ella ningún cambio, ni el más leve movimiento. Solo el alma puede modificarse y moverse por sí misma. En cuanto a los objetos exteriores, creo deber admitírseles en su juicio, tales como son su parecer».

Esta cita del autor mencionado la leí cuando estaba por salir de la universidad. Me encontraba en la biblioteca, ya que mi maestro de Derecho burocrático no había asistido y mis compañeros, con los que siempre se podía hacer un partido de ping pong en la cafetería, tampoco habían asistido a clase por alguna razón, quizás porque la clase era a las 7:00 a. m. Desde ahí aprendí que los que acudimos a esa hora de la madrugada ya nos podíamos considerar estoicos. En pleno invierno, el único lugar caliente en el que me podía refugiar era en el centro de lectura de la facultad, así que ahí estaba buscando algún tema en el que entretenerme para olvidar un poco el clima y pasar el tiempo.

Dentro del área de Derecho romano, vi lo que parecía ser una biografía. El libro era Meditaciones de Marco Aurelio. Este personaje fue un emperador romano que vivió entre los años 121 a 180 después de Cristo. Entre las aportaciones biográficas del primer estoico antiguo que conocí, está que él no era de sangre real directa y fue una fortuna que estuviera al frente del imperio romano. Fue adoptado por el hijo del emperador romano de la época. Su obra y vida en Roma fueron profundamente reconocidas por los ciudadanos del imperio como un regente sabio, querido por el ejército y respetado por sus rivales germánicos. Conocer a este emperador simplemente me atrajo, ya que aprender de personas que, desde el máximo poder, pudieron tener vidas tan nobles y que ante todo defendieron sus ideales ante las pruebas de la vida es algo de lo que aprender.

Encontré ese libro al final de mi carrera de Derecho. Me hubiera gustado poder leerlo al principio y encontrar en sus meditaciones muchos consejos de los cuales me perdí. Como buen joven adulto, el cual sería próximo abogado, me sentía dentro de una burbuja en la cual mis amigos y yo estábamos destinados a cambiar el rumbo del país prácticamente. Nuestras pláticas sobre la política local, nacional e internacional seguramente, cuando saliéramos a la vida profesional, servirían de apéndice para que en nuestros puestos pudiéramos transformar la sociedad en la que vivimos. De verdad que así lo creíamos con toda esa carga de arrogancia al pensar que con un título en la mano nos convertiríamos en alguna clase de humano que automáticamente tendríamos superpoderes con los cuales podríamos influir notoriamente en la vida pública, ser reconocidos y, claro, entonces sí, poder decir que ya éramos exitosos.

Quiero ser honesto y decir que, al principio, era *fan lover* de Marco Aurelio, pero lo mantenía en secreto, ya que algunos pensamientos, como el de su libro octavo de *Meditaciones*, el cual decía: «¿Quiénes son Alejandro, Cayo César y Pompeyo en comparación con Diógenes, Heráclito y Sócrates? En efecto, estos penetraban las cosas a fondo, en sus principios y en su sustancia, y no por nada se trastornaba el equilibrio de su alma. Los primeros, por el contrario, ¡cuántos cuidados!, ¡qué esclavitud!».

Me llenaba de cobardía a la hora de querer defender ese tipo de pensamientos que me parecen inmensamente nobles, aún más viniendo de un emperador que desechaba el lujo y apostaba por gobernar con una vida simple. En mis círculos de amigos leguleyos primaba la idea de ser alguien importante, de que los más exitosos son los que gobiernan, los que acceden a los bienes materiales, sin importar si lo hacen a la buena o a la mala; el chiste es acceder. El buen Marco no me daba material para poder defender ese tipo de ideas. Al contrario, con su pensamiento sobre que lo que más importa es la ataraxia (paz interna) y que todo lo demás parece vanamente, me podría hacer ver como alguien mediocre que no poseía las tablas necesarias para obtener la riqueza material y la aceptación social. ¿Qué hacer cuando a escondidas vas a la biblioteca y encuentras citas como estas?

«Vivimos por un instante, solo para caer en el completo olvido y el vacío infinito de tiempo de esta parte de nuestra existencia».

«Piensa en lo que han hecho, tras pasar una vida de implacable enemistad, sospecha, odio… ahora están muertos y reducidos a cenizas».

«La vida del hombre es una simple duración, un punto en el tiempo, su contenido una corriente de distancia, la composición del cuerpo propensa a la descomposición, el alma un vórtice, la fortuna incalculable y la fama incierta. Las cosas del cuerpo son como un río y las cosas del alma como un sueño de vapor, la vida es una guerra y la fama después de la muerte, solo olvido. Todo lo existente se desintegra y todo lo creado por la naturaleza está destinado a morir. La duración de la vida de cada uno es irrelevante, un paso para ver el enorme abismo de tiempo detrás de ti y antes de ti en otro infinito por venir. En esta eternidad la vida de un bebé de tres días y la vida de un Néstor de tres siglos se funden como uno solo. Los deseos conducen a la permanente preocupación y decepción, ya que todo lo que se desea de este mundo es miserable y corrupto».

En esos momentos callé, pero seguí leyendo *Meditaciones*. Fue lo peor que pude hacer para mi vida profesional, pero lo mejor que le pudo pasar a mi alma. Un año después de salir de la universidad, me había posicionado como uno de los pocos egresados de la generación que tenía un trabajo bien remunerado. Trabajaba a mis 23 años como «encargado» de un área importante de la Comisión Estatal de Derechos Humanos y ya daba clases en varias escuelas de formación católica. Tenía una novia hermosa (el gusto se rompe en géneros), me encontraba haciendo mi maestría en Derecho, y el futuro se veía tal y como lo imaginé: brillando en el horizonte.

Un día normal y corriente, recibí la instrucción de mis superiores de no enviar un oficio de seguimiento a una autoridad que al parecer había realizado actos atroces en contra de unas comunidades indígenas. Realmente había pruebas de que el gobierno había permitido que la fuerza pública quemara viviendas de una comunidad indígena en una zona que había sido comprada por una empresa extranjera. En el acto murieron personas y destruyeron el patrimonio de muchas más.

La instrucción me causó indignación, de esa que no te deja comer ni dormir. Así que decidí desobedecerla y enviar el oficio porque la justicia era primero. Para no hacer larga la historia, lo que me había tardado años construir en menos de lo que canta un gallo quedé en el siguiente estatus: sin empleo, sin clases en la universidad, con mi novia pidiéndome un tiempo y yo pidiéndolo en la maestría porque no podía concentrarme ya que me encontraba destrozado emocional y financieramente.

«¡Pinche Marco!», grité ese día, sentado en una plaza pública en la que me estaba comiendo un helado mientras trataba de entender qué había pasado. Defender lo que el alma considera que es el camino correcto no es fácil, y pagar con la desdicha de ya no tener lo que hacía tu vida valiosa es muy duro. Entonces, por segunda vez en mi vida le dije, ¿dónde estás? ¿Por qué me dejaste solo? Estaba triste y enojado. No podía entender cómo había dedicado mi tiempo libre para hacer encuentros, horas santas, servicio social y me estaba pasando eso.

En mi cartera había solo 2000 pesos que me quedaban para pagar la gasolina de mi coche con motor 2.5 turbo, o sea, unos cuantos días. Me levanté y por segunda vez en mi vida le dije: por favor, si estás ahí, ayúdame, muéstrame el camino. Me levanté de la banca en la que me encontraba y caminé rumbo al centro de la ciudad. La única alegría que me despejaba la mente ese día era mi helado y ya se estaba acabando. La respuesta de Dios al parecer, en esta ocasión, no llegaría por correo sino por mensaje instantáneo. Al caminar por la parte de la calle de las librerías, repentinamente sentí la mirada de alguien, volteé y era uno de esos personajes de autoayuda en la portada de un libro.

El tipo de la portada del libro era Roberto Re y, al verlo inicialmente, me cayó mal. Tenía una sonrisa de esas que yo no había tenido en meses. De alguna forma, me acerqué a leer el reverso del libro para checar la descripción. Abrí el libro por en medio y la primera frase que leí fue: «Un buen árbol no crece fácilmente; entre más sople el viento, más fuerte será el árbol». En ese momento, empecé a recordar lo que había leído sobre Séneca y Epicteto gracias a Marco Aurelio. Séneca se convirtió en un gran filósofo estoico después de que perdió todo su patrimonio en un naufragio. Era un comerciante muy rico en la época, pero esa situación, en lugar de sumirlo en la depresión, lo hizo erigirse como uno de los pensadores más grandes de la época. A su vez, Epicteto era esclavo de uno de los emperadores romanos más sádicos de la historia, Nerón. A pesar de vivir innumerables dificultades, llegó a ser libre y se convirtió en un filósofo de gran influencia para la época. El mismo Marco escribió su gran obra *Meditaciones* en medio de una enfermedad que le causaba fuertes dolores en los huesos. Aunque moriría de viruela, mantuvo sus sufrimientos en silencio, solo sus más allegados conocían esta situación, para no desenfocar a su ejército y no causar rumores sobre su sucesión con los ciudadanos romanos. Este emperador llegó a cabalgar miles de kilómetros con una molestia de esa naturaleza y prácticamente nadie lo sabía.

Todas estas historias pasaron por mi cabeza en cuestión de segundos. Bien decidí ir a la caja y comprar el libro. No había duda, leer esa frase del árbol de Willard Marriott en ese libro me había convencido de llevármelo. Al preguntar por el costo del

ROBERTO RE
Cómo explotar
al máximo
el potencial
para mejorar
tu vida personal
y profesional
LÍDER
DE TI MISMO

producto, me quedé atónito. Eran 799 pesos, casi la mitad de mi presupuesto que me quedaba para no ir a pedir prestados a mis padres. Dejé el libro en el estante y, casi al salir de la librería, detuve la puerta antes de que se cerrara. Vi la calle otra vez gris. Ese libro era lo único que me generaba esperanza en ese momento, así que saqué la tarjeta y lo compré. Días después, recibiría la llamada del padre Daniel para apoyar a sus empleados a terminar la preparatoria.

Hay algo que puede causar daño en muchas ocasiones, y eso es la verdad. Sin embargo, existe algo que puede arruinar las vidas de las personas aún más, y es una buena mentira. En la universidad, a menudo se experimenta una extraña sensación de privilegio, ya que no todas las personas tienen acceso a ese nivel educativo. Según el último censo del INEGI de 2020, solo el 8 % de los jóvenes en nuestro país logra completar una carrera. Además, el simple hecho de completarla de ninguna manera garantiza el éxito laboral, familiar, social o la mejora como ser humano.

El estoicismo es una escuela de pensamiento que enseña cómo ser resiliente, cómo aceptar el destino de la mejor manera, cómo fluir ante las dificultades de la vida y cómo no aferrarse a lo que posees, ya que lo único de lo que eres dueño es tu alma. Esta disciplina podría incorporarse en los planes de estudio de cualquier lugar de enseñanza, previniendo a muchos de nosotros a ser más humildes y sabios ante la maestra más exigente que tendremos: la vida.

Adultos epicúreos

Conocí la filosofía epicúrea por primera vez hace algunos años a través de un buen profesor del posgrado que organizaba cursos extracurriculares. Ciertamente, el epicureísmo es otra de las grandes ramas de la filosofía que merece la pena explorar dentro del objetivo de seguir adquiriendo herramientas para la vida. Para Epicuro, el propósito de la vida humana es la felicidad, que se obtiene evitando el dolor y buscando el placer. A pesar de que pueda parecer una teoría hedonista, sus postulados van más allá.

Epicuro de Samos (341 a. C.-270 a. C.) fue un filósofo griego que planteó una teoría ética basada en el hedonismo. Consideraba que el propósito de la vida humana era alcanzar la felicidad, evitando las sensaciones dolorosas y buscando las placenteras. Sin embargo, su visión del placer dista mucho de las posturas hedonistas que defienden que el placer y la felicidad se encuentran en los lujos y en los excesos. Al contrario, para Epicuro, la vida más placentera se halla en la sencillez y en la abstención de deseos innecesarios. A pesar de que la filosofía de Epicuro fue planteada hace siglos, hoy en día sigue vigente y representa una excelente vía para alcanzar la felicidad personal. Veamos en qué consiste y cómo podemos aplicar esta doctrina en nuestras vidas.

Epicuro fundó su escuela de filosofía en Atenas, llamada el Jardín, la cual se dedicaba a la búsqueda de la felicidad a través del ejercicio de la razón. Para este gran pensador, la razón enseña que el placer es bueno y el dolor es malo, de manera que el placer y el dolor son las medidas últimas del bien y del mal. Sin embargo, la perspectiva epicúrea ha sido malinterpretada hacia un hedonismo desenfrenado, en lugar de la ausencia de dolor y la tranquilidad mental (ataraxia) que Epicuro realmente defendía.

De hecho, este filósofo se manifestó en contra de los excesos y los deseos innecesarios debido a su capacidad para conducirnos al dolor. Para Epicuro, la felicidad es placer y serenidad, un estado en el que no hay perturbaciones del alma ni dolor alguno. Además, defiende que la felicidad es un fin en sí mismo y el mayor bien de la vida humana.

Considero que el epicureísmo debería formar parte de la educación de todas las personas antes de llegar a la vida adulta. En un mundo en el que la productividad es símbolo de virtud, el epicureísmo plantea el dilema de trabajar para vivir o vivir para trabajar. Una vez que entras al mundo laboral, todo parece ser pagar cuentas, mantener la validación social y seguir sacrificando tu valioso tiempo por más dinero que permita mostrarle a los demás que eres lo suficientemente capaz de contribuir a la economía moderna.

El tema de cómo nos educan para vivir económicamente está muy relacionado con Epicuro, ya que esta es una de las áreas en las que hay menos capacitación. Saber distinguir y medir entre el dinero que ganamos y el gran placer de compartir momentos con nuestros hijos, padres o hermanos, momentos que nunca jamás van a regresar y que ninguna televisión de pantalla plana 16K va a poder igualar, debería ser una de las prerrogativas en las que deberíamos estar educados. De qué sirve ir lejos si en el interior de tu mente hay intranquilidad, ruido y humo.

A mi parecer, el epicureísmo es una herramienta que nos permite potenciar todas las experiencias materiales a las que, con lo económico, podemos ser capaces de realizar. Esta forma de pensamiento epicúreo podría curar de una vez por todas las ansias de vivir el placer a costa del dolor. Por algo se le llamaba hedonismo inteligente: enseñar a las personas a elegir dolores positivos que entreguen a su vida placeres positivos es toda una ciencia oculta para millones de personas que, con la implementación de esta filosofía en los hogares, escuelas y organizaciones, podrían tener una perspectiva más amplia sobre el arte de vivir.

Conclusiones

En la era del hipernarcisismo, la familia, la escuela, las empresas, el gobierno y otras organizaciones están dando paso a la aparición de individuos cada vez más enfocados en el egocentrismo extremo. A través del constante adoctrinamiento masivo, se les inculca la idea de que el egocentrismo es el eje central de sus vidas. Un sistema completamente elaborado para incrementar el consumo humano en todas las ramas de la industria está en su apogeo. Las personas están cada vez más centradas en adquirir mercancías, relegando su posición como seres humanos de mayor valor. Paradójicamente, el mismo sistema los ve como mercancías.

A medida que las comunidades digitales crecen, las comunidades humanas reales pierden conectividad, y el aumento del desconocimiento para conectar con el otro está cada vez más cerca. La humanidad en general está jugando con una daga de doble filo que es la tecnología.

Aunque hay muchas soluciones, la mayoría de los pensadores coinciden en que la educación es la clave para poner fin a los males del mundo. Sócrates creía que no existía el mal, sino que la gente obraba por ignorancia, y quizás tenía razón. Creo sinceramente que nadie que sea consciente de que el adoctrinamiento del hipernarcisismo está causando tanto daño en los entornos laborales o en los hogares sea capaz de seguir aplicándolo en sus vidas.

Estamos ante una hipnosis colectiva que cuenta con millones de seguidores celebrando situaciones inverosímiles, como el hecho de que una persona que vende imágenes de su cuerpo se haya comprado un Lamborghini. También se justifica la defensa de alguno de los bandos de guerra, promoviendo la apología de matarse unos a otros. Sin duda, expandir la educación sería una resistencia humana real ante estos hechizos sociales que parecen provenir de la mitología griega más antigua. Nos referimos a la educación, no solo a la formación. Las universidades, colegios y organizaciones que forman en planes de estudios ya existen, y nada cambiará si solo creamos más de lo mismo. Lo que necesitamos son nuevas polis educativas que emulen y potencien lo que estas escuelas lograron en su tiempo: liberar la conciencia de las personas.

Lecturas recomendadas

El ABC de los valores morales (Grover Manrique Toala)

Huellas inéditas en el sendero del gran maestro
(Sergio Espinoza Cerrón)